Bibliothèque
de Mr. Maurice
Desgeorge
Lyon

TABLEAV
DE LA
MAGDELAINE
EN L'ESTAT DE
PARFAITE AMANTE
DE IESVS.

Où se voient les exercices par lesquels on peut ar-
riuer à la gloire d'vn semblable estat.

Par le R. P. Dom CHARLES DE S. PAVL,
Abbé & Superieur general de la
Congregation des Fueillans.

A PARIS.
Chez IEAN DE HEVQVEVILLE, ruë Sainct
Iaques, à la Paix.

M. DC. XXVIII.

Auec Approbation, & Priuilege du Roy.

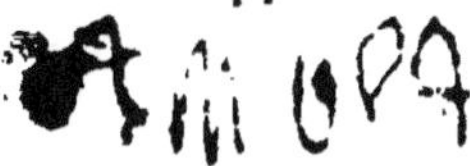

A LA
BIEN-HEVREVSE
MAGDELAINE
AMANTE DE IESVS.

Saincte Amante, ce Tableau où se veoid depeinte la perfection de vostre amour, & les merueilles que le ciel a faictes en vous, ne peut estre presenté sans iniustice à autre qu'à vous mesme. Il vous est deub par toute sorte de iustes titres, & particulierement ayant esté faict pour honorer vostre merite il ne doit estre offert que sur vos autels. Ce

n'est pas que ie pretende en faisant
veoir l'eminence de voſtre amour,
luy apporter quelque nouueau
luſtre, au contraire i'aduouë que
l'eſclat de ſa perfection ſurpaſſe infi-
niement les couleurs du Tableau
que i'en ay faict, & que toutes mes
paroles luy ſont de beaucoup infe-
rieures. Ie pretens ſeulement luy faire hommage, & ioindre ma plume
à celle de pluſieurs excellens eſprits
pour en faire paroiſtre la gloire. Le
ciel vous à comblée de faueurs ſi ra-
res qu'aucune plume mortelle n'eſt
capable de vous donner d'aſſez dignes loüanges. Neantmoins conſi-
derant que les plus beaux eſprits,
apres auoir veu que Ieſus-Chriſt en
auoit voulu eſtre luy meſme l'enco-
miaſte, ſe ſont eſtudiés comme à

l'enuy l'vn de l'autre à les publier,
se propoſans pour vn iuſte & puiſſant motif, qu'ils ne peuuent acquerir de plus veritable ſubiect d'honneur, que par l'eſtime qu'ils font de
voſtre merite, par ce qu'ils teſmoi-
gnent en cela qu'ils ſçauent rendre ce
qui eſt deub à la vertu. i'ay eu aſſez
de paſsion de voſtre gloire pour employer apres eux ma plume a en deſ-
crire les merueilles. I'eſpere que vous
agreerez mon zele & ma deuotion,
& que vous me pardonnerez auec
d'autant plus de facilité les defauts
qui ſe rencontrent en cette peinture,
que vous en eſtes vous meſmes l'vne
des cauſes par l'excellence de vos
vertus, qui eſtans au deſſus des plus
belles paroles ne peuuent eſtre aſſez
dignement exprimées. Ie me pro-

ã iij

mets que vous ne laisserés pas d'a-
greer mon ouurage, imitant la diuinité qui se contemple auec plaisir
dans tous les images de sa grandeur
qu'elle veoit peintes en ses creatures
quelques imparfaictes qu'elles puissent estre ; & que pour recognoistre
l'affection qui m'a porté à publier
l'excellence de vostre amour, vous
l'exercerez en mon endroict, priant
le cœur de Iesus que vous auez
parfaitement aymé, qu'il anime
mon ame de son esprit diuin, pour
me faire viure, mourir & reuiure
à iamais dans les flāmes du mesme
amour qui a consommé vostre cœur.

Approbation.

NOus soubs signez Docteurs en la sa-crée Faculté de Theologie en l'Vniuersité de Paris, de la societé de Sorbonne, certifions auoir veu & leu le siure intitulé *Tableau de la Magdelaine en l'estat de parfaite amante de Iesus*, auquel nous n'auons rien treuué qui ne soit conforme à la doctrine orthodoxe de l'Eglise Catholique, Apostolique & Romaine. En tesmoignage dequoy nous auons signé la presente, ce vingt-quatriesme iour d'Aoust mil six cens vingt huict.

P. HARDIVILLIER.   **CHARLES PATY.**

O felix pœnitentia, quœ ad se Dei truhit oculos

Iean Messager excudit   Allert poyma fcat

TABLEAV
DE LA
MAGDELAINE
EN L'ESTAT DE
PARFAITE AMANTE
DE IESVS.

E Ntre les diuers auantages que nous recueillons de la societé ciuile, il n'y en a point que la Philosophie recommande auec de plus glorieux tiltres d'honneur, que l'amour qui vnit les ames d'vn chaste & vertueux lien, que tous les Philosophes ont

A

reconnu pour le bien le plus honeſte, le plus aduantageux, & le plus capable de donner vn vray & vn ſolide cõtentement à l'homme. Et pour faire veoir au iour la verité de ces loüanges & comme il eſt vraiement honeſte, ils diſent, que le bien honeſte n'eſtant autre choſe que ce qui eſt bien ſeant & conuenable aux loix de la droicte raiſon & de la condition humaine, il eſt plus clair que la lumiere meſme, que l'amour vertueux doit eſtre mis en ce rang, puis qu'il conuient à l'homme à cauſe de l'vne de ſes plus eſſentielles puiſſances. Car comme le ſage Autheur de la

II.
L'AMOVR
VERTV-
EVX EST
HONESTE.

nature a fauorisé l'homme de
deux puissances raisonnables,
qui sont inseparables de son
estre : d'vn entendement plein
de connoissance pour iuger lui
mesme ce qui lui peut estre vtile; & d'vne volonté pour estre
le principe de l'amour , par lequel il doit commander de le
poursuiure aux facultés qui luy
sont subjettes : aussi est-il facile
de reconnoistre qu'il n'y a
point d'actiõs qui soient mieux
seantes & plus conformes à sa
cõdition, que la connoissance
qui procede de l'entendement,
& l'amour qui naist de la vo-
lõté. Qui le voudroit despoüil-
ler de l'vsage & des actions de
l'vne ou de l'autre de ces puis-

fances, ce feroit le reduire en la
mifere d'vn aueugle qui ne fçait
comment fe conduire, ou d'vn
marbre infenfible qui n'eft ef-
meu ny esbranlé d'aucunes at-
teintes. L'entendement feul ne
feroit pas capable de fatisfaire
à fa neceffité, veu qu'eftant vne
faculté que le ciel luy a donnee
pour lui feruir de flambeau en
fa conduite , il doit eftre ac-
compagné d'vne autre puiffance qui reçoiue fes raiz , & qui à
la faueur de fa clarté conduife
tous les mouuemens de l'ame.
La volonté feule quoy que rei-
ne & maiftreffe de toutes les
puiffances, ne lui fuffiroit non
plus , parce qu'eftant aueugle,
elle a befoin de quelque lumie-

re qui l'esclaire , & la guide en
son amour & en ses mouuemẽs:
ne plus ne moins qu'on dit de
la Balene, qu'ayant la veuë foible & pesante elle ne se peut
passer d'vn guide qui la condui-
se à trauers des flots , de peur
que cette grande & lourde mas-
se qu'elle traine n'aille heurter
& se froisser contre quelque ro-
che. Mais ces deux facultez
estant iointes & vnies ensemble, l'homme à le pouuoir de
connoistre par son entendement ce qui luy est conuenable , & d'en faire la recherche
par la force de l'amour , & ainsi
de viure selon les loix de son
estre & de sa condition. Tout
de mesme que faire viure l'hom-

A iij

me fans connoiſſance, ce ſeroit
le priuer d'vn biẽ qui lui eſt ex-
tremement conuenable, & le
deſpoüiller en quelque façõ de
l'humanité, ainſi l'obliger de
viure ſans amour, & le vouloir
rendre inſenſible à tous les
atraits dont l'Autheur de la nature a reueſtu les objects qu'il
a voulu rendre aymables, ce ſeroit le reduire en l'eſtat d'vne
ſouche, & faire qu'il ne fuſt plus
homme, l'vſage de la volonté
ne lui eſtant pas moins naturel,
bien ſeant & neceſſaire, que celuy de l'entendement. Ce ſeroit renuerſer l'ordre que Dieu
a eſtably en la condition de
l'hõme, & priuer ce chef d'œuure que le ciel a pris plaiſir de

fauorifer de toute forte de graces, d'vn bien fi honefte, que les
plus fages & les plus fçauans
d'entre les Philofophes femblent ne le pouuoir honorer
d'affez dignes loüanges dans
leurs efcrits. Les Platoniciens
enfeignent que l'amour eft le
lien de l'efprit & du corps ; &
leur Maiftre nous affeure qu'il
eft le principe de toutes nos
actions. Plutarque fait eftime
de sõ merite;iufques à dire qu'il
eft le mouuement qui nous
porte à la vertu. Empedocles
l'honoroit du tiltre de caufe
vniuerfelle du bien, & appel-
loit la hayne qui eft fon contraire la caufe du mal. Euripide
chante en fes vers, que c'eft lui

qui donne la patience à l'homme. Craſſus chez Ciceron, aſ-
ſeure en ſa faueur, que l'homme
ne poſſede rien de plus loüable
que luy en cette vie. Et Socra-
tes en eſt venu iuſques là de dire que qui l'oſteroit du monde
en oſteroit le Soleil. Que ſi
quelqu'vn fait difficulté de s'aſ-
ſeurer ſur l'authorité de ces Philoſophes, qui ont veſcu dans les
tenebres du Paganiſme, S. Au-
guſtin n'eſcrit-il pas que l'a-
mour eſt comme l'ame des
quatre vertus principales : de
la Temperance, parce qu'il mo-
dere & conforme nos volontez à celles du ſujet que nous
aimons vertueuſement, nous
obligeant de ne rien deſirer

que ce qu'il veut : de la Force,
en ce qu'il donne le courage &
la conſtance de ſouffrir toute
ſorte de peine pour l'amour de
ce qu'on ayme : de la Iuſtice,
qu'il nous fait prendre pour re-
gle de toutes nos actions, afin
de nous rendre agreables à celui duquel nous voulons eſtre
aymez : & en fin de la Prudence, faiſant naiſtre en l'eſprit mille belles inuentions propres a
effectuer nos vertueux deſſeins. S. Hieroſme fait voir auſſi par demonſtration, que l'hõme n'a rien en ſoy qui lui ſoit
plus propre que l'amour. Bref
les loix diuines qui ont eſté pu-
bliées par Moyſe, & depuis
confirmées par le Verbe incar-

né , ne nous prefcriuent rien qu'amour,& ne font autre chofe que des loix d'amour.

III.
L'amovr vertv-bvx est vtile.

Mais l'amour vertueux n'eft pas feulement vn bien honefte. Ie paffe plus outre pour faire voir , qu'il eft vn moyen excellemment propre à perfectionner l'homme, & à le rendre accomply en toutes les qualitez .qui le peuuent faire paroiftre recommandable aux yeux du ciel & de la terre. Cela ne fe verifie-il pas aifément par la cõmune doctrine des Philofophes , qui nous enfeignẽt que comme le premier ciel par fon mouuement rauit tout ce qui eft au deffous de luy , ainfi l'amour generalement parlant ,

donnãt la loy à toutes les puiſſances de nos ames , eſt la cauſe vniuerſelle de toutes nos
actions , la clef & l'origine de
nos penſees, de nos paroles , de
nos mouuemens, & de tout ce
que nous faiſons en cette vie?
Oui ſans doubte, car il eſt auſſi veritable que l'amour honeſte en particulier eſt le principe de toutes les actions qui
portent l'image de l'honneur
& de la vertu. Chacun ſçait
que c'eſt luy qui en fait la premiere impreſſion ſur nos ames,
où il excite le deſir de les faire:
c'eſt lui qui fortifie ce deſir par
l'eſperance : c'eſt lui qui nous
enflamme à la pourſuite des

moyens qui y sont propres :
c’est lui qui embraze la colere
& la hardiesse pour vaincre les
obstacles qui s’y opposent : bref
c’est luy qui nous picque d’vne
continuelle inquietude comme d’vn poignant aiguillon, iufques à ce que nous les aions
faites. Celuy qui à vne fois sa-
crifié à l’amour, & qui a pris le
dessein d’estre aymé des per-
sonnes de merite, sçachant que
l’objet qui excite dãs les cœurs
les flammes de l’amour est la
beauté, c’est à dire, la perfection
des ames & des corps , il n’y a
aucune sorte de perfection, d’a-
dresse, de gentillesse, & de vertu , qu’il ne mette peine d’acquerir pour se rendre aymable.

C'eſt vne verité qui ſe reconnoiſt tous les iours euidemmēt
dans les cours des Princes en la
Nobleſſe que l'on voit nouuel-
lement arriuer de la campagne,
qui ne s'eſtant accouſtumée à
autre choſe; qu'à commander
auec inſolence à des ſujets & à
paſſer le temps en des exercices
champétres, eſt demeurée groſ-
ſiere, ignorante, ſans galante-
rie, & ſans addreſſe; Mais elle
n'aura pas ſi toſt conceu le deſ-
ſein de ſe faire aymer des grāds,
& eſtimer des perſonnes de
merite, qu'on la reconnoiſt à
l'œil changer de mœurs & de
naturel, prendre vn eſprit plus
agreable & plus complaiſant,
polir ſa conuerſation & ſon diſ-

cours, & se perfectionner en tous les exercices d'vn braue caualier. Mais qui nous met plus clairement au iour cette vtilité de l'amour vertueux, que la peinture qu'en fit autresfois l'antiquité Payenne, qui veritablement s'attribuë aussi à l'amour deshonneste, mais selon d'autres interpretations. Ils le peignoiēt les yeux bandez, non pour nous faire croire qu'il rende les ames aueugles, mais seulement pour nous apprendre que n'estāt pas fondé sur la veuë du corps, & sur la connoissance des sens, qui ne reconnoissent autre chose que ce qui est capable de leur donner du plaisir, il a pour principe la veuë de l'ame &

de la raifon, qui aiant recõnu vn
objet vrayemẽt aymable, oblige la volonté de l'aimer & de
lui confacrer fes affectiõs. Ils lui
donnoient des aifles, pour monftrer qu'il rehauffe & releue vn
efprit par deffus l'humeur ram-
pante & groffiere des ames ftu-
pides & infenfibles à fes traitz.
Le flambeau qu'ils lui mettoiẽt
en la main, eftoit pour enfei-
gner qu'il fait naiftre dedans les
ames vne infinité de belles lumieres & de connoiffances excellentes, qui font cachées à
ceux qui ne fçauent ce que c'eft
de fon merite. La façon mi-
gnarde & gentille qu'ils lui dõ-
noient, aprend qu'il n'y a rien
de fi propre à polir vn efprit que

l'amour honeſte. S'ils le faiſoiẽt
ieune, ce n'eſtoit pas pour le
blaſmer d'aucune inconſidera-
tion & de l'imprudence qui ac-
compagne d'ordinaire les ieu-
nes gens : Mais pour monſtrer
que le vray & parfait amour
ne vieillit point, que le temps
& l'aage n'ont point d'empire
ſur ſes affections, que ſa conſtance n'eſt pas capable d'eſtre
esbranlee par les ſiecles, & de
plus, qu'il eſt tres-propre à con-
ſeruer l'eſprit dans la vigueur &
dans la force qu'il poſſede en la
ieuneſſe. Les traits & l'arc qu'ils
lui mettoient en main ne veulent dire autre choſe, ſinon
qu'il fait de puiſſantes impreſ-
ſions ſur les courages, impreſ-
ſions

fions que l'on a grand tort de nommer playes, fi ce n'eft pour ce qu'elles penétrent au plus profond des ames , comme les playes font dans les corps : veu qu'aucontraire des playes., elles font accompagnées de tant de douceurs, de plaifirs , de delices, & de contentement, qu'il n'y a perfonne qui les ait reffenties , qui ne les prefere toûjours à la plus entiere fanté , & qui n'aduouë que fi elles causêt quelque douleur, ce n'eft que pour augmenter la douceur, & rendre plus parfaite la felicité qu'elles produifent.

Car qui a-il de plus doux & plus agreable en noftre vie, que le chafte & vertueux lien d'vn

IV.
L'AMOVR
VER-
TVEVX
EST A-
GREABLE

fidel amour , qui vnit noſtre
cœur à celuy de quelque perſonne de merite ? quel plus grād
bon - heur que d'eſtre aſſeuré
d'vn veritable & conſtant a-
mour qu'on nous porte ? Et qui
a-il de plus agreable au monde
que d'auoir vn cher & fidel amy,
à qui nous puiſſions ſeurement
ouurir noſtre ſein , & lui con-
fier nos plus importans ſecrets,
ſans aprehender qu'il les deſcouure & ſans entrer en doute
de ſa fidelité ? Quel plus grand
contentement que de paſſer
noſtre vie dans la conuerſation
d'vne perſonne , dont les diſ-
cours adouciſſent l'amertume
des peines de noſtre eſprit , la
prudence nous ſerue de con-

duite dans nos affaires, le courage diffipé nos craintes, la con-
uerfation charme nos triftefſes
& la feule prefence nous comble de ioye ? Qui ne voit que
c'eſt vn des plus hauts points
de noftre felicité qui detrempe
dans fa douceur, tout ce qui fe
rencontre d'amertume en cette vie, & qui eſt comme l'aſſai-
fonnement de tous les plaifirs
que lon y poffede ? N'eſt-ce pas
l'amitié qui nous fournit en la
profperité auec qui nous ré-
joüir de noftre bon-heur, qui
nous donne en l'affliction vne
perfonne qui nous fecoüre &
nous confole, en la ieuneffe qui
nous inftruife, en l'âge d'homme qui nous feconde en nos

entreprifes, & en la vieilleffe qui nous fubuienne dans nos infir-mitez. O que ceux qui fe font voüez vn veritable amour trou-uent de douceurs en la vie que les autres ne fauourent point: foit qu'ils parlēt l'vn de l'autre, foit qu'ils s'ecriuēt, foit qu'ils fe fouuiennent de l'amour qu'ils fe rendēt, ils en reffentent vn ex-tréme plaifir. Toutes les actions de l'amour, quelque objet qu'il fe propofe, font de foi agrea-bles, veu que celui qui aime les armes prend plaifir aux exerci-ces qu'il en faict: celui qui aime la Philofophie reçoit du con-tentement a en difcourir : & ainfi il ne fe peut faire que quel-que perfonne en ayme vne au-

tre, fans que les exercices de ce-
fte amitié impriment dans fon
ame les fentimens d'vn agreable plaifir. Il eft vray qu'il faut
que l'amour foit bien reglé , &
moderé felon les iuftes loix de
la raifon qui en empefche la
violence, pour caufer en l'efprit cette douceur : car depuis
que fes fentimens fe portent à
l'excez , fe reuoltent contre
la raifon , pour s'abandonner
à des actions infames & des-
honneftes , cette douceur eft
changée en amertume , & ces
plaifirs en de poignantes inquietudes , lefquelles ainfi que
de furieux orages troublent le
calme & le repos de l'ame. On
dit que les fleurs de l'Egypte

eſtans perpetuellement char-
gées des vapeurs du Nil qui ſont
terreſtres & groſſieres , ne jet-
tent pas les ſoüefues odeurs
qu'elles feroient ſentir ſans cét
empeſchement ; & ainſi depuis
que les exercices de l'amour
viennent à eſtre infectés des vapeurs terreſtres , & des qualités
malignes qui accompagnent
l'amour deshonneſte & dere-
glé, ils ceſſent de faire gouſter
les plaiſirs innocents & les con-
tentements extrémes, que ſa-
uourent ceux qui demeurent
dans les termes de l'honneur &
de la vertu.

Mais ſi cet amour qui n'eſt
qu'vne vertu morale, a receu
tant de loüanges de la plume

des plus grands personnages de l'Antiquité, qui ont dreſſé dans leurs eſcrits ces ſuperbes trophées à ſa gloire, de quels plus glorieux tiltres d'honneur ne loüerons nous pas la charité & l'amour de Ieſus, qui tient le ſceptre entre tous les amours, & qui a l'autorité de cõmander ſi inſeparablemẽt vnie à ſa nature, que s'il n'eſt le maiſtre incontinent, il ceſſe d'eſtre, & meurt dans noſtre ſein. Il eſt le puiſné de tous les amours qui naiſſent du cœur de l'homme, ſelon la doctrine de l'Apoſtre, qui dit que ce qui eſt animal eſt le premier en nous : Mais ce puiſné herite de toute l'authorité comme Iacob, & les autres amours

PLVSPAR-
FAIT DE
TOVS.

B iiij

ſemblables à Eſaü ſont deſtinés
à ſon ſeruice, l'adorent, lui ſont
ſoubmis, & ſont obligez de luy
faire vn eternel hommage. Il eſt
logé & fait ſa demeure au lieu
le plus eminent de l'ame raiſonnable, & en la plus releuée
pointe de l'eſprit. C'eſt là où il
a eſtabli ſon throne, d'où il pu-
blie ſes ordonnances, & d'où il
fait entendre ſes loix à toutes
les facultez de l'ame, afin que
d'vn lieu ſi releué il ſoit entendu & obei de toutes, non par
vne violence tyrannique, mais
par vne force qui eſt accompagnée d'vne extréme douceur,
& qui oblige d'auoüer que, cõme rien n'eſt égal à ſa puiſſance,
auſſi il n'y a rien plus aimable

que son pouuoir. O que l'a-
mour de Iesus a de grands auantages sur l'amour des hommes
tant vanté des Philosophes. Celui-cy n'est que pour la terre,
l'autre est pour le ciel. Celui-cy
est sujet à l'empire des temps &
de la mort, l'autre en estant
exempt a pour sa durée l'eternité. Celui-cy est naturel, l'autre
est au dessus des bornes de la
nature en l'ordre de la grace.
Celui-cy a pour principe le
cœur & la volonté, l'autre tire
son extraction & sa naissance
du S. Esprit, qu'il reconnoist
pour son pere, & pour le feu qui
allume ses flammes. Celui-cy
fait sauourer veritablement de
la douceur, mais l'autre esleue

en l'heureux ſejour de la gloire.
Celui-cy nous rend amy des
hommes, & l'autre nous fait enfans de Dieu. Celui-cy nous dõ-
ne moien de viure dans le cœur
des hommes, & l'autre nous
tranſporte dans le ſein de la Diuinité, pour nous y animer d'v-
ne vie ſurnaturelle & diuine.
Bref les biens que nous fait poſ-
ſeder celui-cy, ſont terreſtres
& periſſables, mais l'autre nous
eſleuant au plus haut degré de
la perfeƈtion, nous fait meriter des biens infinis & eternels.
N'eſt-ce pas cet amour qui donne le merite à toutes nos œuures, & n'eſt-il pas vray que ſans
lui ni ceux qui combatent, ne

gaignent point la victoire, ni les
vainqueurs n'emportent iamais
les palmes. C'est lui qui nous réd
dignes de la gloire , & qui nous
la moyenne pour recompense.
Il est reconnu pour fondement
de la patience , & pour ami de
la paix, chacun aduouë qu'il est
le nœud de la concorde, le ram-
part de la saincteté , le comble
de la perfection , le gage de la
beatitude, le plus digne ornement des cœurs ; & si l'ame en
est despoüillée, ses seruices man-
queront de salaire , & ses bon-
nes œuures de reconnoissance,
veu que c'est à lui à qui l'eternité est promise , & qui seul a le
pouuoir de rendre l'homme digne de la coronne de gloire.

VI.
LA MAG-
DELAINE
A EV VN
PARFAIT
AMOVR
DE IESVS.

Or entre les ames dans lesquelles le sainct Esprit a fait brusler le feu sacré de ce diuin amour de Iesus, il n'y en a aucune, si nous exceptons la bien-heureuse Vierge sa mere, à qui tout le reste du genre humain accorde sans difficulté la palme de toute sorte de vertus, qui en ait esté fauorisée en vn plus haut degré que la Magdelaine, dans le cœur de laquelle il en a fait reluire les flames auec tant de splēdeur & d'éclat, que lui mesme ne iugeant pas les hommes capables de lui donner des loüanges assez dignes, quoi qu'il fust encores en sa naissance, & qu'il ait receu depuis d'extremes accroissements, en

voulut eftre l'encomiafte , lors
qu'il lui pardonna fes offences
en la maifon du Pharifien. La fageffe du Verbe eternel aiant
fait deffein auant tous les fie-
cles de faire remporter à fon
amour vne glorieufe victoire
fur l'amour du monde en la perfonne de cette fainɛte Amante,
la voulut rendre fignalée en tous
les auantages de la nature ; la
faifant premierement naiftre de
l'vne des plus illuftres familles
de la Iudée , où elle eut pour
frere le Lazare , & pour fœur
Marthe , deux perfonnes fur qui
le ciel prit plaifir de verfer l'abõ-
dance de fes graces : & puis la
reueftant des plus excellentes
perfections qui puiffent feruir

d’ornement au corps ou à l’a-
me. Car c’eſt ainſi que cette diuine ſageſſe, induſtrieuſe & admirable au delà de ce qui ſe
peut imaginer, prend plaiſir de
faire des ſubjets recommanda-
bles par vne extraordinaire perfection, pour y faire paroiſtre,
comme ſur vn pompeux thea-
tre, la gloire de ſon amour. C’eſt
en des perſonnes eminentes,
comme a eſté la Magdelaine,
qu’elle eſleue les trophées de ſa
grandeur, & qu’elle faict eſclat-
ter la puiſſance abſoluë de ſon
empire. C’eſt là qu’elle prend
plaiſir de faire dompter vn courage à ſon amour, de lui faire em-
braſer vn cœur, & conuertir vne
ame, l’obligeant de fouler aux

pieds la vanité des beautés de la terre, afin de rendre sa victoire plus signalée par de si magnifiques ruines; & ses trophées plus illuſtres par de si nobles deſpoüilles.

Or comme elle a eſté le plus digne objet des faueurs de Ieſus en l'ordre de la nature, auſſi a-il voulu qu'elle fuſt, pour reconnoiſtre la liberalité de celui qui l'auoit fauoriſée de tant de biens, vn vrai miracle d'amour en l'ordre de la grace. Ie ne feray aucune difficulté de dire qu'elle a emporté la palme de l'amour ſur tous les Apoſtres: & quoy que cela ne ſe puiſſe pas aiſement connoiſtre en ſon cœur, dont la veuë eſt reſeruée à Dieu seul ; il se voit neant-moins assés clairement dans les effects, qui sont les vrais signes de l'amour. Les Apostres ne se rangerent à la suite de Iesus que parce qu'il les alloit chercher, les côuiant par ses exhortations & par ses miracles de le suiure, mais la Magdelaine l'alla trouuer elle mesme chez le Pharisien estant éprise de son amour. Les Apostres n'ont fait autre chose en la compagnie de Iesus pendant sa vie, que de le suiure, pour estre tesmoins oculaires de ses miracles, mais la Magdelaine outre cette suitte, ne couroit-elle pas de tous costez ou elle pensoit le rencontrer, pour le seruir & aprester ce qui estoit

necessaire

neceſſaire à ſa nourriture. Les Apoſtres ſuccombans aux violents aſſauts de la crainte abandonnerent Ieſus en la Croix. Et l'amour de la Magdelaine plus puiſſant que les tirans, la fit trauerſer auec courage les compagnies des ſoldats, pour ſe mettre ſous la Croix, pour eſtre teinte de ſon ſang, pour crucifier auec luy ſon amour, pour adorer l'ordonnance rigoureuſe du pere Eternel qui expoſoit ſon fils à l'ignominie d'vne mort infame, & pour faire enſeuelir ſon corps dãs le tombeau. Ieſus eſtant dans le ſepulchre les Apoſtres s'enfuirent qui d'vn coſté qui d'vn autre : Mais l'amour de Magdelaine plus conſtant

C

l'obligea de demeurer ferme &
d'aller chercher - des parfuns
pour l'embaumer. O Magde-
laine vous allaftes par aprés fans
les Apoftres, & deuant les Apoftres chercher les facrées def-
poüilles de Iefus dans le tombeau, mais ils n'eurent pas courage d'y aller fans vous. Et bien
dauantage, ie veois que les ayāt
amenez au monument , ils
n'eurent pas le pouuoir de vous
ramener auec eux, & que voftre
amour vous y attacha, & vous
força d'y demeurer faifie de
douleur, pour y deplorer par vos
larmes, la perte que vous auiés
faicte. Ils s'en allerent deuant
vous,& vous laifferent feule, &
ainfi vous remportaftes auec

toute forte d'auantage la gloire
de l'amour fur eux , en voftre
conuerfion , en la fuite de Iefus,
en fa mort , aprés fa mort , &
au Sepulchre. Mais ne fuft-ce
pas auffi pour reconnoiftre l'é-
minēce de voftre amour, que ce
bien aymé de voftre cœur vous
honora de faueurs fingulieres
& de tefmoignages d'vne affection bien particuliere ? O Iefus ! voftre Euangile nous enfei-
gne que les priuileges d'amour
que vous lui auez accordez, fur-
paffent de beaucoup ceux que
vous aués accordés à vos Apoftres. Vous lui affigniez d'ordinaire pour place d'eftre affife à
vos pieds quand vous eftiez ar-
refté en quelque lieu , & vos

C ij

Apoſtres demeuroient plus eſ-
loignez de vous : vous n'auez
point permis à vos Apoſtres de
lauer vos pieds, & vous lui auez
donné cette permiſſion. N'eſt-
ce pas a elle ſeule, que vous aués
donné le pouuoir de parfumer
voſtre ſacré chef, ce chef diuin,
qui eſt le threſor de la ſageſſe
eternelle, qui gouuerne le ciel
& la terre, & qui eſt adoré des
hommes & des Anges ? N'eſt-
ce pas elle, qui a eu l'honneur de
vous voir la premiere aprés voſtre reſurrection, & d'eſtre viſi-
tée de vous auſſi toſt que vous
fuſtes entré dans l'eſtat de voſtre gloire ? C'eſt a elle que vous
auez premierement parlé, aprés
que vous fuſtes ſorti du tom-

beau, son nom est le premier
que vostre sacrée bouche a prononcé, vous lui auez donné la
premiere commiſſion que vous
deliuraſtes, qui fut d'annoncer
à vos Apoſtres, voſtre gloire &
voſtre reſurrection. Ce ſont, ô Ieſus, les auantages que vous aués
accordé à l'amour de Magdelaine, amour infini & demeſuré,
qui n'auoit aucunes bornes, ny
rien d'égal ſur la terre. On peut
dire auec verité qu'il eſtoit ſans
exemple, & quiconque l'euſt
voulu comparer à quelque choſe, il euſt fallu ietter les yeux de
la penſée, non ſur ce qui ſe peut
voir, mais ſur ce qui ſe peut ſeulement imaginer.

Cette charité eſtoit comme

la royne de ſes vertus, qui ſem-
bloient lui auoir iuré vne obeiſſance parfaite. Les effects qu'elle produiſoit eſtoient auſſi miraculeux que loüables, & chacun la reconnoiſſoit pour la re-
gle & le modelle de toutes ſes
actions : elle regnoit d'vn empire tres abſolu ſur toutes les puiſſances de ſõ ame, elle auoit iet-
té de ſi profondes racines dans
ſon cœur qu'elle n'auoit iamais
aucunes penſées, ny aucuns deſirs que de rendre à Ieſus la fidelité & l'obeiſſance qu'elle luy
auoit voüée, ſon cœur eſtoit
tout conſommé de ſes flammes:
Bref elle donnoit de l'admiration à tout le monde, qui reco-
gnoiſſant l'heureux eſchange

qu'elle auoit fait de l'amour de
la terre en celui du ciel, ne pouuoit affez loüer la mifericorde
du Tout puiffant.

Elle s'eftoit abandonnée pendant quelque temps de fa plus
floriffante ieuneffe aux plaifirs
fenfuels de l'amour prophane,
qui s'empara de fon ame, qui
eftablit fa demeure dans fes fentimens, & prit plaifir d'exercer
fon empire fur fes paffions. Mais
la grace de Iefus prenant foin de
la conuertir, bannit entieremét
de fon ame cet amour terreftre,
& alluma en fa place le feu d'v-
ne parfaite charité. O amour
prophane : pourquoy vins tu
ainfi prendre poffeffion du cœur
de Magdelaine ? Ne fçauois-tu

C iiij

pas qu'elle estoit faite pour le ciel, & que la prouidence eternelle lui auoit preparé vn siege en l'heureux sejour de la gloire? Tu la pouuois bien blesser de tes traits, mais non pas la faire mourir, quelques griefues que fussent tes blesseures. Le ciel l'ayant predestinée estoit obligé en quelque façon de la guerir, & de luy donner le secours qui lui estoit necessaire pour briser les chaisnes dont tu la detenois captiue, & c'est à quoy il n'a pas manqué. Car le Verbe incarné descendu du ciel pour le salut des hommes, commençant d'espādre ainsi qu'vn beau Soleil les raiz de sa diuine lumiere dans son cœur, aussi tost

les tenebres de son aueuglemẽt
furent dissipées, ses yeux furent
ouuerts pour reconnoistre la
vanité des contentemens de la
terre, les apas trompeurs de la
volupté, & les dangers eminens
de se perdre ou elle estoit expo-
sée : & sa volonté fut embrasee
des plus viues flammes de l'a-
mour diuin. On cõmença de la
veoir auec vn visage mortifié,
le front couuert de pudeur, la
conuersation pleine de pieté, &
les yeux changez en deux viues
sources de larmes. Et l'amour
de Iesus s'accroissant dans ces
larmes, commença de regner
auec tant d'empire sur les puissances de son ame, qu'il lui fit
aussi tost regarder auec mespris,

tout ce dont auparauant elle
auoit accouſtumé de faire plus
d'eſtime. O qu'il fait bon veoir
en la ſaiſon du Printemps , lors
que le ſoleil retourne peu à peu
vers nous , comme la face de la
terre qui eſtoit pendant la rigueur d'vn poignant Hyuer ,
morte & couuerte de neige, re-
préd ſa premiere beauté. Qui ne
reçoit du plaiſir à veoir ce bel
aſtre du iour bannir les longues
obſcuritez de la nuict , faire re-
uerdir des ombrages dans les
bois , diſſiper les gelées & les
glaces pour donner entrée à la
douceur qui vient regner dedans l'air ? Qui ne conſidere
auec eſtonnement, comme par
la force de la chaleur qu'il eſ-

pand dans l'vniuers les germes
de toutes les semences qui sont
encloses au sein de la terre, pous-
sent leurs tiges au dehors, pour
la tapisser de vert naissant, & la
parer de mille belles fleurs? Cõme il force les vents seditieux,
de cesser leurs violences, & de
se retirer dans leurs grottes,
pour faire place aux zephirs qui
viennent marier leurs soufle a-
moureux auec le doux murmu-
re des fontaines : Bref comme
incontinent apres il charge les
arbres de toutes sortes de fruits,
& les cãpagnes de riches mois-
sons? Ce fut ainsi que l'heureuse presence du soleil de Iustice,
lors qu'il commença d'espan-
dre les raiz de sa grace dans le

cœur de Magdelaine, qui auoit
perdu par le peché, les beautez
furnaturelles dont le ciel l'auoit
fauorifée, & qui eftoit deuenuë
toute de glace, en bannit auffi
toft les tenebres compagnes
infeparables du vice, l'embellit
des plus riches ornemens du
ciel, l'embrafa des facrées ardeurs de l'amour diuin, & lui
fit produire au dehors tous les
tefmoignages d'vne excellente
charité. O Iefus quel changement admirable vous fiftes
eftant entré dans ce cœur de
Magdelaine, & depuis que
vous euftes rafraifchy de l'eau
de voftre grace, les flammes
qui l'embrafoient. C'eftoit auparauant vne fournaife inferna-

le dans laquelle le feu d'vn a-
mour prophane brufloit auec
vne extréme ardeur, & ou Sa-
than auoit embrafé plufieurs
ames, & maintenant elle eft
conuertie en vne fournaife de
charité, dont les flammes rauif-
fent d'eftonnement les Anges
& les hommes. O grand Dieu,
il eft vray que vous auez fait autresfois plufieurs changemens
admirables dans vos creatures,
pour nous faire voir la force de
voftre bras tout puiffant : vous
auez conuerty la femme de
Loth en vne ftatuë de fel, la ver-
ge de Moïfe en ferpent, les fleu-
ues de l'Egypte en fang, la mer
en vne terre feiche, le fuperbe
Roy Nabuchodonofor en be-

fte, le iour en nuit, & la nuit en vn iour plein de lumiere : mais il faut auoüer, qu'il n'y a aucun de ces changemens, qui nous donne plus d'eftonnement, & qui imprime dans nos ames les fentimens d'vne plus grande admiration, que celui que vous auez fait de la Magdelaine pechereffe plongée dans la boüe des voluptez, & confommée des flãmes de l'amour charnel & brutal, en vne fournaife d'a-mour diuin, & en vn modelle de charité fi parfaite, que vous auez voulu qu'il fuft publié par vos Apoftres par tout ou feroit prefchée voftre Euangile. Cha-cun furpris d'eftonnement, fe fent infenfiblement obligé de

s'efcrier auec voftre Prophete
royal. C'eft vn ouurage du Seigneur qui eft admirable à nos
yeux.

Auffi ces faueurs font elles
referuées à la Toute-puiffance
diuine, les facultez de nos ames
n'eftant pas capables d'atteindre d'elles mefmes à vn tel changement & à vn fi haut degré de
charité. Chacun voit que les or-
gues, cet admirable inftrument,
fur lequel la mufique eft comme en fon char de triomphe,
quelques parfaites qu'elles fe
trouuent en leur conftruction,
& quelque fçauant que foit la
main de l'organifte qui les tou-
che, ne parlent point, mais font
defanimées, & n'ont ny voix,

IX.
L'AMOVR
DE IESVS,
EST VN
EFFET DE
LA GRACE
DV CIEL.

ny confonance quelconque ;
iufques à ce que le vent qui leur
fert comme d'efprit , coule par
leurs tuyaux, ainfi que par les ar-
teres & veines de leur corps,
pour en faire fortir l'excellente
harmonie qu'elles produifent.
De mefme quelques perfectiõs
naturelles que les hommes
ayent receu du ciel,& quelques
eminentes que foient les puiffances dont leurs ames ont efté
doüées ,on les veoit demeurer
comme defanimés , tant
qu'ilsfont priuez du vent fauorable du fainct Efprit : ils font
incapables de produire l'harmonie celefte de l'amour diuin
qui eft compofée des actions de
toutes les diuerfes puiffances
de

de l'ame , comme d'autant de
voix differentes vnies & accor-
dées à vne mesme fin , qui est la
gloire de Iesus , iusques à ce que
ce sacré vent estant entré
dans leurs ames , soit la cause
& le principe de cet harmo-
nieux cõcert. Toute la tres saincte Trinité est la source d'où
decoule cet amour , & premierement le Pere Eternel , qui a
promis à Iesus de lui donner de
l'honneur & d'estendre sa gloire , c'est à dire , la cognoissance
de son nom , & l'amour de sa
bonté , dans le cœur des hommes , afin que tout le monde
l'ayme comme il l'ayme lui
mesme , & que chacun à son
exemple , l'affectionne auec ar-

D

deur. Perſonne n'eſt capable de
venir à moi, ſi mon Pere ne l'attire, diſoit Ieſus, comme nous
enſeignant qu'il faut pour l'aimer, que ce Pere tout puiſſant
nous fauoriſe & nous aſſiſte de
ſon pouuoir, afin de briſer les
fers & les chaiſnes des affectiõs
terreſtres qui detiennent nos
ames captiues, & les empeſchẽt
de s'vnir à lui, & puis qu'il nous
eſleue à ſa bonté par les attraits
amoureux de ſa grace. Le Verbe eternel qui eſt la lumiere du
monde, doit auſſi pour eſtre aimé nous deſcouurir luy meſme
ſes beautez, & nous faire
veoir les perfections infinies
qui le rendent ſouuerainement
aymable. Comme il eſt le principe de l'amour eternel dans le

sein de son Pere, pour vnir d'vn lien indissoluble leurs person- nes diuines, aussi est-il la cause du sacré amour qui allie nos cœurs à sa bonté. C'est la sour- ce de l'eau viuifiante de la cha- rité, qui estoit auparauant ca- chée & renfermée dãs les cieux, & qu'il a fait découler sur nous en sa naissance & en sa mort. C'est le soleil a qui il appartient d'exciter dans nos cœurs, les vi- ues flammes de son amour, par la force & par l'influence de ses douces chaleurs. Bref, c'est vn effet particulierement reserué au S. Esprit, que le Pere & le Fils n'ont enuoyé en terre, que pour estendre par tout l'vniuers la gloire de Iesus, faisant esclor-

re par ſes diuines ardeurs, les ſe-
mences celeſtes de la charité
qu'ils ont iettées dãs nos ames.
Et ainſi peut-on dire, ô Magdelaine, que vous auez eſté aſſiſtée
de la toute puiſſance du Pere
eternel, eſclairée de la lumiere
du Fils, & eſchauffee des ſacrees
ardeurs du ſainct Eſprit. Et il eſt
veritable que tout ainſi que les
Mathematiciens nous aſſeu-
rent, que le Soleil multipliant
ſes rayons accroiſt la chaleur de
la terre, de meſme le ſoleil de
la Diuinité multipliant ſes graces dans voſtre ame, l'embraſa
des ſainctes ardeurs de ſon a-
mour. Mais en quel lieu fuſt-
ce, ô ſaincte Amante, que la
Diuinité vous fauoriſa de tant

de graces. Ne fuſt-ce pas premierement dans le Temple,
lors que vous y rencontraſtes
Ieſus, & qu'arreſtant ſa veuë
ſur vous, il diſſipa les tenebres
de voſtre aueuglement, & embraſa voſtre cœur de l'eſclat
tres-puiſſant qui ſortoit de ſes
yeux. Oui, car la ſeule preſence de ce Monarque de nos
cœurs, eſtoit plus que ſuffiſan-
te pour vous enflammer de ſon
amour. Ses cheueux plus beaux
qu'on ne les ſçauroit imaginer, eſtreignoient auſſi toſt
les ames des hommes d'vn lien
d'amour eternel & perdurable.
Son front ſembloit eſtre le ſie-
ge de la religion, & auoit le
pouuoir d'affermir les ames dãs

la folidité de la foy. La terreur
de fa iuftice, & la bonté de fes
mifericordes, logeoient en fes
fourcils. Lors qu'il remuoit fes
bras, on euft dit que c'eftoit
pour conuier les pecheurs de fe
jetter dans le fein de fa mifericorde, où ils trouueroient le repos qu'ils ne pouuoient rencô-
trer ailleurs. Et fon vifage femblable à vn beau Soleil, diffipoit
tous les nuages du vice. Ce fut
en cette rencontre que vous
reffentiftes les premieres ardeurs de la charité dans voftre
cœur, qui defabufé des trompeurs apas de la volupté, commença dés l'inftant mefme à
bannir l'amour prophane des
creatures, pour faire place à

celui de Iefus, fe fendit de douleur & verfa par vos yeux des
torrents de larmes tres-ameres,
pour lauer de leurs eaux l'infa-
mie de vos crimes. Les Anges
fpectateurs de voftre conuerfion veirent auec vn extréme
alegreffe, comme ne fçachant à
qui vous plaindre de la mifere
ou vous vous reconnuftes eftre
reduite, vous commençaftes
au profond de voftre ame à vous
en plaindre à l'amour mefme.
Ah ! cruel amour, diftes vous
lors, faut-il que ie me fois laif-
fee furprendre à tes vaines apparences, & que ta malice ait
efté fi grande que d'enchanter
de tes charmes mon innocente
ieuneffe ? ie viuois dans l'auril

gracieux de mon âge, exempte
des loix & de la tyrannie de tes
paſſions, lors que par les vaines
eſperances que tu me donnas
de tes plaiſirs, & par les cajol-
leries d'vne ieune nobleſſe qui
faiſoit mine d'adorer ma beauté, tu vins rauir ma liberté, &
aſſujettir ma franchiſe à la rigueur de ton ſceptre. O qui ne
ſe fuſt laiſſé ſurprendre gouſtant
la douceur des apas que tu me
preſentois ! tu ne me faiſois
veoir dans les bornes de ton
empire, qu'vn agreable Printemps, ton viſage eſtoit plein
de douceur, tes paroles de charmes, & tes promeſſes de belles
apparences. Le feu que tu allu-
mois dans mon cœur en ces

commencemens , ne m'aportoit point d'inquietude , mais au contraire me faifoit fauourer de tres agreables plaifirs. Mais ô que tu changeas bien toft de face. C e ne feroit iamais fait de raconter les fouffrances ameres, aufquelles tu m'as depuis expofée, & les foucis , les fureurs , les remords , les apprehenfions , les gehenes & les inquietudes que tu m'as fait fouffrir. Le forçat enchaifné fe repofe quelquefois , & le prifonnier enfermé dans vn cachot fouflage fes peines, fermant fes yeux par le fommeil. Le laboureur ayant trauaillé pendant le iour , fauorifé d'vn repos tranquille le long de la nuiét, a du relafche en fes

trauaux iufques au lendemain,
mais ny les nuiéts , ny les iours
ne font capables de donner de
l’allegement à mes peines, & ie
n’ay aucune efperãce de les fou-
lager tant que ie feray dans tes
fers. Ie fuis refoluë de les brifer
& de faire toute forte d’efforts
pour recouurer ma premiere
franchife. L’aprehenfion des iu-
gements diuins , & la veuë des
bontez infinies de Iefus, me fol-
licitent d’en prendre vne refolution affeurée. Ie la prens dés
maintenant , & ie veux que deformais Iefus foit l’vnique objet
de mon cœur , ie lui confacre
toutes mes affections, & ie ne
veux plus auoir de paffions , que
pour fa bonté infinie & eter-

nelle. Et puis vous receuſtes
encores vne grace plus abondante aux pieds de Ieſus , qui
eſtans vnis à la Diuinité, comme
tout le reſte de ſa nature humaine, furent l'organe, par l'en-
tremiſe duquel elle fit entrer
dans voſtre ſein par voſtre bouche qui les baiſoit , cette flamme ſainte qui vous a conſom-
mee. Et ne fuſt-ce pas pour cet
effect que voſtre bouche y de-
meura ſi long temps attachee.
Vous ſçauiez que plus on eſt
proche du Soleil , d'autant plus
auſſi on reſſent ſes ardeurs , &
pourtant vous demeuraſtes
long-temps la bouche collée
aux pieds de ce ſoleil de Iuſtice,
afin que par ſa preſence vous

fuſſiez plus ardemment eſchauf-
fée du feu de ſon amour. Qui
n'euſt dit vous voyant ainſi aux
pieds de Ieſus , que vous vou-
liez imiter l'ancienne couſtu-
me des Veſtales, qui ayant laiſſé eſteindre le feu qui deuoit
bruſler ſans ceſſe ſur l'autel de
leur Deeſſe , ne le r'allumoient
que des ſeuls rayons du Soleil,
à cauſe de l'expreſſe deffence
qui leur eſtoit faite par leurs
loix , d'y faire bruſler du feu ordinaire dont ſe ſeruent les mor-
tels : veu qu'en meſme maniere
ayant laiſſé eſteindre le feu ſacré
de la charité , qui deuoit continuellement bruſler ſur l'autel
de voſtre cœur en la preſence
de Dieu , vous vous efforciez

de le r'allumer aux raiz du foleil
de mifericorde, vous prefentant
à fa veuë & vous profternant à
fes pieds.

Mais, ô Iefus, nous vous
fupplions auec humilité, de
nous defcouurir les voyes, par
lefquelles vous auez fi prom-
ptement conuerty l'amour terreftre de Magdelaine en l'a-
mour celefte de voftre bonté.
Faites nous voir les moyens
dont voftre fageffe s'eft feruie
pour vn effect fi miraculeux,
afin que par l'affiftance de voftre grace nous en puiffiõs vfer,
pour atteindre à vn femblable
bon-heur. Voftre fageffe qui
fait toutes chofes auec poids,
nombre, & mefure, & qui ne

produit rien dans ſes creatures que conformement à la condition de leur eſtre, n'a t'elle pas fait paſſer cette ſainĉte Amante par la voye ordinaire de l'amour, qui eſt la connoiſſance de voſtre bonté ſouueraine & de vos beautez infinies? Ouy, c'eſt cette cognoiſſance de l'abyſme incomprehenſible de vos perfeĉtions, qui a rauy le cœur de Magdelaine, en la meſme maniere qu'elle rauit les eſprits Angeliques dans vne admiration & dans vne charité eternelle. Et il eſt facile d'en rendre la vraye raiſon, qui eſt fondée ſur vne des plus aſſeurees maximes de la Philoſophie. L'amour a pour objet &

pour caufe mouuante la bonté & la beauté, qui par la douceur des raiz qu'elles efpandent, en excitent le mouuement & la paffion dedans nos ames, qui les ayant veuës demeurent auffi toft charmées de leur fplendeur. Et il eft tres-certain que comme l'Autheur de la nature, a imprimé en noftre entendement l'inclination de rechercher la verité & de l'embraffer quant il l'a rencontrée, ainfi il a creé nos volontez auec vne telle inclination pour la beauté & la bonté, qu'elles fe voyent infenfiblement obligées à les aymer, ci toft qu'elles font conneuës par l'entendement. La volonté eft fi natu-

rellement dediée à la bonté &
à la beauté, & tellement née à
les aymer, que nos esprits venãs
à les descouurir en quelque sujet que ce soit, & à receuoir par
les yeux l'impression qu'elles
font dans les courages, elle ressent vn mouuement tres-puis-
sant qui la force, de se laisser
attirer par leurs chaisnes inuisi-
bles, & l'oblige de les suiure
sans resistance. Or cela estant
ainsi, il est aisé de comprendre
les causes de l'amour de Magdelaine. Ci-tost qu'elle eut iet-
té la veuë sur la beauté de Iesus,
& qu'elle eut receu par ses
yeux les charmes qu'il espan-
doit autour de lui, pour captiuer les cœurs dans les chastes

liens

XI.
DESCRI-
PTION
DE LA
BEAV-
TÉ DE
IESVS.

liens de son amour, elle sentit
son ame toute conuertie en
feu. Aussi qui n'eust esté raui de
cette souueraine beauté, qui
surpasse autant celle du premier
Ange, que celle du Soleil est
au dessus de la clarté des estoilles ? Qui n'eust esté lié par ses
beaux cheueux, qui sembloient
ne floter sur ses espaules, que
pour captiuer dans les pri-
sons de son amour tous ceux
qui se presentoient au tour de
lui ? Qui n'eust esté navré des
traits qui sortoient de ses yeux,
ou on voyoit reluire vn impa-
tient desir d'assister les ames qui
auoient besoin de son secours:
& dont les regards faisoient re-
uerdir les esperances les plus

mortes, efchauffoient les cœurs
les plus glacés , efclairoient les
entendemens les plus obfcurcis , & redonnoient de la force
aux plus découragées. Qui ne
fuft demeuré efpris de l'affable
douceur qui logeoit fur fon
front : & des attraits qui eftoiẽt
en fes paroles , que l'on voyoit
bien qui ne partoient pas de la
bouche d'vn homme , mais de
celle d'vn Dieu. Qui ne fe fuft
laiffé volontiers & auec plaifir,
defrober le cœur par fes mains,
qui feules ont efté le fecours &
l'azile des affligés , liberalles
mains , puiffantes mains , & mi-
fericordieufes mains qui ont re-
tiré des precipices de l'enfer,
nos ames , que le peché portoit

à vne ruine eternelle : qui feruoient à toute heure à guarir
les malades , à reſſuſciter les
morts , à deliurer les poſſedés,
& qui eſtoient comme vne
ſource abondante d'où decou-
loient toutes ſortes de biens &
de graces. Bref qui n'euſt eſté
forcé d'aimer l'excellente & incomparable beauté qui relui-
ſoit en toute l'humanité de Ieſus , vray chef-d'œuure de la
toute puiſſante main du Pere
eternel , qui la voulut reueſtir
d'vne beauté extraordinaire ,
afin qu'elle fiſt connoiſtre de
premier abord, qu'vn ſi diuin &
ſi parfait ouurage ne pouuoit
proceder que d'vne puiſſance
infinie , ny ſeruir à autre choſe .

qu'à eſtre vn digne temple de la
Majeſté diuine. Ce ſeroit auec
iuſte raiſon, que l'on attribue-
roit à cette beauté incomparable, l'image de la beauté qui fut
faite autresfois par l'antiquité
Payenne. Elle eſtoit repreſen-
tée en la figure d'vne ieune Da-
me qui tenoit vn bouquet de
fleurs de bonne ſenteur en ſa
main, & qui auoit à ſes pieds vn
lion, vn lievre, vn oyſeau, &
vn poiſſon : pour faire entendre
qu'il n'y a aucune puiſſance ſoit
grande, ſoit petite, ſur la terre,
dans les airs, ny dans les mers,
qui ſoit capable de reſiſter à ſes
attraits, & quelle n'attire aprés
elle, par l'odeur ſouefue de ſes
parfuns. Car ainſi y a-il quel-

ques courages , tant endur-
cis qu'ils. fuſſent par le peché ,
qui n'euſſent eſté captiués par
la beauté de Ieſus en le voiant;
ce n'eſt pas de merueille , ſi la
Magdelaine en fùt ſainctement
eſpriſe.

Mais combien fut plus puiſſante l'impreſſion qu'elle receut
à la veuë des beautez interieu-
res de Ieſus, en l'honneur deſquelles chāte le Prophete Royal,
toute la gloire de la fille du
Roy eſt au dedans. Car la beauté de ſon corps n'eſtoit autre
choſe que l'image, vn rayon, &
comme vne fleur qui naiſſoit de
la beauté incomparable qui re-
luiſoit au dedans , à cauſe de la
Diuinité à laquelle ſon huma-

X.
DESCRI-
PTION DE
LA PER-
FECTION
INTERI-
EVRE DE
IESVS.

E iij

nité eftoit perfonnellemēt vnie.
O humanité de Iefus , qu'elles
parolles feroient capables d'exprimer la beauté interieure que
vous receuiez de cette vnion,
qui eft la perfection de tous les
autres dons , ny ayant rien de
plus grand , ny de plus illuftre
dans la condition humaine ,
que de fubfifter en la perfonne
diuine , lui eftre fubftantielle-
ment vnie, & auoir le droit de
prendre toutes les qualitez qui
conuiennent à Dieu. O Iefus,
iufques à quelle dignité eftoit
efleuée voftre humanité facree,
fubjette d'elle mefme à toute
forte de mifere, d'eftre renduë
fage , faincte , bonne, iufte, &
toute puiffante comme la Ma-

jeſté diuine. C'eſt ce qui rauit
le cœur de Magdelaine, qui
vous adora en vous voiant, non
en la qualité d'vn ſimple homme mortel, mais d'vne diuinité exempte des loix & de l'empire de la mort. Elle vous conſi-
dera comme celui qui d'vn ſeul
clin de ſes yeux fait trembler le
ciel & la terre, qui de ſa ſeule
puiſſance a baſti l'vniuers, & qui
le peut deſtruire & ramener en
ſon premier neant, toutes les
fois que bon lui ſemblera ; qui
eſt la ſource inépuiſable de tous
les biens, qui donne le mouuement & le repos à tout ce qui
ſe meut, & qui demeure ferme
& inébranlable parmy la muta-
tion de ſes creatures, qui eſ-

pand son esprit par tous les
membres de l'vniuers , qui fait
naistre & mourir toutes choses , & qui est comme l'ame de
toutes les creatures. La foy dõt
son ame estoit esclairee repre-
sentoit à ses yeux l'image de la
toute puissance , dõt vous tem-
perés les elemens , dont vous
donnez le mouuement aux
cieux, la clarté au iour, & l'ob-
scurité à la nuict : dont vous
prenez plaisir de rendre nostre
foiblesse puissante , & de dissi-
per les desseins des orgueilleux,
pour releuer les humbles au
comble de l'honneur. Mais sur
tout elle fut outrée d'amour,
lors qu'elle vint à reconnoistre
l'amour extréme dont vous

cheriffés les hommes, & la charité eternelle qui vous a porté
dés le commencement du mõ-
de à les fauorifer de vos graces.
Et c'eft dans cette fournaife
d'amour qu'elle fe confomma.
O Iefus, dit-elle, qui ne fera efpris de l'amour de vos bontez,
qui font venuës iufques à ce
point, que de vous defpoüiller
de la gloire de voftre Pere, pour
vous reueftir d'vne humanité
mortelle, & de vous faire de-
fcendre ç'a bas en terre , pour
chercher les ames qui font ef-
garées des fentiers de la vertu:
pour brifer les fers de noftre ef-
clauage, pour nous pardonner
nos offences, & nous ouurir la
porte du ciel. S'il eft vray que

l’amour est le charme qui captiue plus puissamment les cœurs,
pourquoy est-ce que le mien ne
sera pas tout à vous, puisque
vostre amour a esté si grand que
de vous faire descendre des
cieux pour vous donner à moi?
O Iesus, vous estes la fontaine
de l’amour eternel, permettez
moy que ie me plonge & m’a-
bysme dans vos eaux. Les cieux,
les Anges, les elements, les plan-
tes, & toute la nature vous ayme, parce que vous estes la
beauté mesme, parée de tant de
graces, & reuestuë d’vn si brillant esclat, qu’elle obscurcit le
Soleil & les Astres. Comment
donc ne vous aimerai-je point?
Vous estes la lumiere qui iamais

ne manque , le Soleil qui n'a point de couchant , la fplendeur qui refioüit tout l'vniuers, & la clarté qui remplit le ciel d'allegreffe : mon ame eft toute pleine de tenebres & d'obfcurité, comment fe pourra-il faire qu'elle n'ait point d'amour pour vous ? eft-il au pouuoir de la nuit de ne point defirer le jour ? Comment eft-ce que la glace n'aymera point le Soleil qui la diffout. Iefus , vous eftes la vie , & celui qui donnés l'efprit aux hommes : fe pourroit il faire qu'eftant morte ie ne vous aymaffe pas , fe pourroit-il faire que la mort n'aymaft point la vie , & que celle qui a efté fi long temps enfeue-

lie dans le tombeau de ſes crimes , ne deſiraſt point d'eſtre
vnie à celui qui ſeul la peut faire
reuiure. Vous eſtes vne fontaine d'eau rafraiſchiſſante , qui
étanche la ſoif des ames alte-
rées , qui ennyure les Anges &
les Sainɛts du paradis , & qui
rend fertiles les terres ſeiches &
arides. Mon ame a eſté ſi long
temps conſommée de la ſoif de
quelque ſolide contentement,
c'eſt vne terre ſeiche & aride , ſe
pourroit-il faire que ie n'euſſes
point d'affection de vous eſtre
vnie par amour. Ie vois dauantage , ô Ieſus , que vous m'auez
ſi cherement aymée que de me
venir appeller , que de toucher
mon cœur , & d'eſſayer de ra-

mener mon ame égarée en voſtre bercail, que de me preuenir
de vos graces, & de me conju-
rer de vous aimer : comment
ne vous aimeray-je point eſtant
aimée ? comment ne vous
reſpondray-je point eſtant ap-
pellée ? ſera-t'il dit que ie ne
me laiſſe point trouuer eſtant
cherchée de vous ? & qu'ayant
eſté tant de fois priée de vous
aimer, ie n'accepte pas les of-
fres aduantageuſes de voſtre
amitié? Non ſeigneur, il ne ſera
iamais dit que mon ame s'a-
bandonne à vn tel excez d'ingratitude, que mes yeux ſoient
fermez à tant d'honneur que
vous me preſentez, & que mon
ame s'eſloigne de vous ; mon

cœur sera pour iamais confom-
mé , des ardeurs de voftre a-
mour, & ie veux qu'il foit con-
uerti en vn autel qui ferue à
vous faire d'eternelles offrandes
de toutes les affections de mon
ame.

Ce fut par de telles ou femblables confiderations, par ces
veuës & par ces connoiffances,
que l'amour facré de Iefus s'alluma & s'accreut iufques à la
mort, dans le cœur de Magdelaine. Mais voyons maintenant
en quoy confifte cet amour,
qu'elles font fes conditions, fes
qualités , & fes effects , afin
qu'en conceuant vne connoiffance diftincte & particuliere,
il nous puiffe plus aifement fer-

uir de modelle & d'exem-
plaire.

Comme le moyen le plus
propre dont on se puisse seruir,
pour donner vne pleine intel-
ligence des sujets dont on en-
treprend de traitter, est d'expli-
quer leurs definitions, qui ont
cela de propre, qu'elles expri-
ment la nature des choses, aussi
n'y a-t'il rien de plus conuenable pour faire veoir les qualitez
essentielles de l'amour de Iesus,
dont estoit embrasé le cœur de
Magdelaine, que d'esclaircir la
definition que les Theologiens
donnent de cet amour. Ils nous
disent que c'est vne saincte cōplaisance, que nous ressentōs en
la veuë des beautés diuines &

humaines de Iesus, qui nous excite à lui desirer & procurer de
la gloire , pour l'amour de lui
mesme, de toutes les puissances
de nostre ame. D'où il appert,
qu'il y a quatre choses principales à cõsiderer en l'amour de Iesus, qui se remarquẽt toutes aisé-
ment en celui que le S. Esprit alluma dãs le cœur de nostre saincte Amante. La premiere est, la
douceur & sacrée cõplaisance,
que son cœur ressentoit en la
presence & en la pensée des
beautez de Iesus; La seconde est
la bienueillance qu'elle lui a tes-
moignée, en lui procurant tout
l'honneur & la gloire qui lui
estoit possible ; la pureté de
son affection, qui n'auoit autre
veuë

veuë , ni autre fin que lui meſme , eſt la troiſieſme ; & l'em-
ploy vniuerſel de toutes ſes
puiſſances à l'accroiſſement de
ſon honneur & de ſa gloire, eſt
la quatrieſme.

Au meſme inſtant que l'a-
me vient à prendre connoiſſance de la perfection d'vn ſubjet,
par le moyen de l'entendement
qui lui en fait veoir l'image, elle eſt ſaiſie d'vne prompte &
ſoudaïne complaiſance qui l'eſ-
meut , & la porte auec non
moins de puiſſance que de douceur à s'vnir auec lui, en la maniere dont il eſt capable d'v-
nion. Car comme il ni a perſonne de nous qui n'aſpire à la
iouiſſance du bien:auſſi voyons

XIII.

DE LA
COMA-
PLAIS N-
CE DE LA
MAGDE-
LAINE EN
LA VEVE
DES PER-
FECTIONS
DE IESVS.

F

nous que chacun reçoit quelque satisfaction , quant il arriue que l'on en fait rencontre. Les choses infenfibles qui font conduites par la fage prouidence de l'autheur & gouuerneur de l'vniuers , femblent monftrer quelque agréement , quant il les applique au bien qui eft proportionné à leur eftre , & reffentir l'auantage & la perfection qu'elles en reçoiuent : Et à plus forte raifon l'homme qui s'y meut de lui mefme par la connoiffance & par l'amour fe fent il naturellement obligé de produire des actes de complaifance , auffi toft qu'il vient à reconnoiftre & à defcouurir le

bien qui lui eſt conuenable.
Or cette complaiſance eſt le
commencement de l'amour,
comme la bienueillance qui
ſouhaitte & fait tout le bien
qui eſt au pouuoir de l'amant
en eſt la perfection ; & toutes deux peuuent porter auec
iuſte tiltre le nom d'amour, bien
que d'vne maniere vn peu dif-
ferente. Car comme l'aurore
qui donne commencement au
iour peut eſtre appelée iour,
auſſi cette premiere complaiſance de l'ame en l'objet aymable, peut eſtre appelée amour,
puis qu'elle eſt le premier ſentiment de l'amour. Mais tout de
meſme auſſi que le vray iour ſe
prend depuis la fin de l'aurore

iufques au Soleil couché , ainſi
la vraye eſſence de l'amour , cõ-
fiſte en la bienueillance qui
nous fait vouloir du bien à
quelqu'vn , non pour noſtre intereſt particulier , mais pour l'a-
mour de lui meſme , & le lui
procurer de toûte noſtre puiſſance. O que le cœur de Magdelaine fut puiſſamment raui par
la douceur de cette complaiſance , ci toſt que le ciel la fauoriſa de la veuë de Ieſus , &
qu'elle reconnut la ſplendeur
inefable de la perfection qui re-
luiſoit en lui. Mais combien ſouuent encores depuis ſon ame fut
elle tranſportée hors d'elle meſme , lors qu'elle s'arreſtoit dans
ſes eminentes contemplations

à considerer auec attention les
beautés eternelles , & les perfections infinies qui sont en sa
diuinité, & qu'elle admiroit les
excellences de chacune d'elles
en particulier, comme de sa bô-
té , de son amour , de sa misericorde, de sa iustice , de sa puissance, de sa sagesse , de sa prouidence , & de toutes les autres.
Il ne se peut dire combien il lui
estoit plaisant & agreable de
reconnoistre en lui d'vne veuë,
toute sorte de beautés & de
perfections, qui sont reünies en
son essence diuine , comme en
la source dont elles son par-
ties, & qui y paroissent d'autant
plus excellentes & admirables,
qu'elles y sont auec beaucoup
F iij

plus d'éminence , que dans les
creatures : ne plus ne moins que
l'on veoit les raiz du Soleil paroiftre plus grands, plus purs, &
auec plus d'eclat quand on les
confidere en lui mefme , que
lors qu'on les regarde en des
fubjects eftrangers où ils font
receus. Cettoit lors que fon
ame toute enuironnée de clarté , & rauie de l'afpect de cette
incomparable beauté , fentoit
le plaifir fe multiplier dans fon
fein iufques à l'infini , & demeuroit comblé d'vne ioye
ineffable, qui lui faifoit defdai-
gner toutes ces delices periffa-
bles , & ces douceurs fades &
pleines d'inconftance , qui
nous amufent icy bas : recon-

noiſſant qu'elles n'ont qu'vne
petite eſtincelle de perfection
à l'égard de la beauté infinie de
Ieſus. N'eſtoit-ce pas la complaiſance qu'elle reſſentoit en
la veuë de cette beauté infinie,
qui l'eſleuoit ſept fois le iour
hors de terre, apres qu'elle ſe
fut retirée dans cette grotte ſo-
litaire, qui a plus acquis d'honneur & de gloire par ſa preſence, que les plus ſuperbes palais
des Monarques de la terre, par
la ſplendeur de leur magnifi-
çence. Oui, ſon cœur eſtoit ab-
ſorbé en des delices incompre-
henſibles dans ces rencontres,
& les Anges voyoient ſon ame
s'eſcrier auec l'eſpouſe. I'ay fait
rencontre de celui que ie che-

ris par deſſus toutes choſes , ie
l'embraſſeray eſtroittement, &
ne le laiſſeray iamais aller. O Ieſus ! il m'eſt deſormais indifferent de mourir ou de viure ,
puiſque mon ame vous a trou-
ué , & eſt entrée en poſſeſſion
de vos grandeurs. Ie loüeray
eternellement voſtre incomparable beauté , & ie confeſſe-
ray qu'elle eſt le centre de mon
bon-heur,& l'heritage de mon
ame. C'eſt ainſi , & par cette
complaiſance que la Magdelaine iouïſſoit de Ieſus, & c'eſt par
ces actes amoureux que ſon
cœur l'embraſſoit & le rendoit
ſien , qu'elle poſſedoit les biens
qui ſont en lui , & qu'elle recueilloit toute ſorte de plaiſir

&.de contentement de fa diuine prefence. Lors que le cerf
chaffé & mal-mené par les
chiens , vient à faire rencontre
de quelque claire & fraifche
fontaine , il ne fe peut raffafier
de boire de fes eaux , & de fe
baigner dedans pour fe rafraif-
chir. Ainfi la Magdelaine apres
tant de fatigues , de peines,
& de langueurs qu'elle auoit
reffenties dans la vie mondaine ou l'infirmité humaine &
la violence des occafions l'a-
,uoient engagée , venant à trouuer la fource viue & abondante de la grace qui eft la diuinité de Iefus , receuoit vne
telle complaifance à fauourer
la douceur qui fe recueille en la

veuë de ſes perfections, qu’il lui
eſtoit preſque impoſſible par a-
pres de s’en ſeparer.

Or l’amour de Ieſus ayant
pris ſa naiſſance dans les cœurs
par cette premiere complaiſance, il reçoit ſon accroiſſement
par la bienueillance. D’où il ſe
veoit, qu’il eſt du tout contraire à celui que Ieſus porte à nos
ames, qui commence touſiours
par la bienueillance, ce diuin
amant produiſant premierement en nous le bien qu’il nous
deſire, & qui nous peut rendre aimables, afin que par apres
il ſe puiſſe plaire dans nos cœurs.
Ainſi nous pouuons dire qu’il
rendit Dauid parfait ſelon ſon
cœur par ſa bienueillance, &

puis le trouuant parfait de cette maniere qui le rendroit agreable à ses yeux, qu'il eut de la cõplaisance en lui. De mesme aussi il créa premierement l'vniuers, & communiqua par sa pure bienueillance à toutes ses
creatures, le degré de bonté
qui leur estoit conuenable, &
par apres il eut de la complaisance en la bonté qu'il leur auoit
donnée. Mais l'amour que
nous lui portõs prend son commencement par la complaisance, que nous auons en la souueraine bonté & en l'infinie
perfection que nous considerons en lui : Et cette complaisance excite par apres les sentimens de bienueillance, & les

affections feruentes de lui procurer tout le bien qui nous eſt
poſſible. Or bien que l'amour
que nous portons à Ieſus, & celui qu'il nous porte ſoient dif-
ſemblables en ce point, ſi eſt-ce
qu'ils ſont ſemblables en vn autre : qui eſt que tout de meſme
que la complaiſance que Ieſus
prend en nos ames, n'eſt autre
choſe qu'vne continuatiõ de ſa
bienueillance enuers elles, ainſi
la bienueillance que nos cœurs
lui portent, n'eſt rien qu'vne ſui-
te de la complaiſance qu'ils ont
euë en lui. Mais comment defi-
nirons nous cette bienueillance ? ce n'eſt autre choſe que l'af-
fectiõ par laquelle nous lui voulons du bien, & qui nous porte

à lui en procurer auec toute forte d'ardeur. Or cette affection
est tellemēt essentielle à l'amour
diuin, que sans elle personne ne
peut meriter auec iuste tiltre la
qualité d'amant de Iesus. Car cō-
me le Soleil ne porteroit point
le tiltre de pere de l'vniuers, si
outre la lumiere dōt il l'esclaire,
il ne contribuoit par la force de
ses influences à la generation de
tout ce qui naist au monde : De
mesme personne ne peut porter
auec iuste raisō le nō d'Amāt de
Iesus, si outre la cōplaisance qu'il
a en la veuë de ses beautés , il
n'employe, mesme auec effort,
son pouuoir à l'accroissemēt de
son biē. Mais quel est le biē que
nous pouuons souhaitter & pro-

curer à cette Majesté diuine ? sa
perfection n'est elle pas infini-
ment plus accomplie que nous
ne sçaurions, ny penser, ny desirer, ny comprendre ? Le desir
que nous cõceuons pour l'objet de nostre amour , n'est que
d'vn bien absent & esloigné de
lui ; & qui ne sçait qu'il n'y a aucun degré de bonté que Iesus
ne possede , qui r'enferme en
son sein tous les thresors de la
diuinité, & qui donne l'estre à
tous les biens , sans qu'aucun
puisse estre tiré du neant que
par le moyen de sa toute puissante bonté.   O Iesus ! vous
estes la source inépuisable de
toute sorte de biens , comme
disoit vostre Prophete, & vous

ne pouués auoir befoin de chofe quelconque.

Que fera donc noftre fainĉte
Amante, fe voyant reduite, ce
femble, dans l'impuiffance de
fouhaitter aucun bien à Iefus?
quels aĉtes d'amour produira
la complaifance qu'elle reffent
en la veuë de fa beauté? feront-
ce des regrets & des douleurs,
de ne lui pouuoir procurer aucun bien qui foit capable de
perfeĉtionner fon effence? non,
l'amour ne produit point ces
douleurs, mais bien ces eflans
pleins de douceur. O Iefus! fi ie
me pouuois figurer quelque
bien dont vous euffiés befoin,
ie ne cefferois iamais de vous le
fouhaiter au prix de ma vie, de

mon eftre, & de tout ce qui eft
au monde. S'il eftoit poſſible
que vous receuſſiez quelque
accroiſſement de perfection, &
qu'il dépendiſt de mes ſouhaits
que vous l'euſſiés, quels deſirs
n'en aurois-je point. O le bien
aymé de mon ame! ie voudrois
veoir conuertir mon cœur en
ſouhaits, & ma vie en affectiõs,
pour vous le deſirer. Et tant
s'en faut que i'aye du regret de
ne pouuoir deſirer aucun bien
à voſtre Majeſté infinie, qu'aucontraire, ie me plais de tout
mon cœur en ce ſouuerain degré de bonté que vous poſſedés, auquel ny par deſirs, ny par
penſées on ne peut rien adiou-
ſter. O que i'ayme cherement

cette

cette impoſſibilité qui m'em-
peſche de vous pouuoir deſirer
aucun bien , puis qu'elle pro-
uient de l'incomprehenſible
immenſité de voſtre abondance , ie ſouhaiterois s'il eſtoit
poſſible d'auoir vne volonté infinie , pour produire vne complaiſance égale à voſtre incomparable beauté.

Mais ne perdez pas courage,
ô Magdelaine , voicy vn bien
que vous pouuez procurer à
voſtre bien aimé. C'eſt l'honneur & la gloire qui lui eſt deuë
par ſes creatures. Cette gloire
conſiſte en la connoiſſance &
& en l'amour de ſes grandeurs,
à le reconnoiſtre pour vray
Dieu en ſon humanité, & à l'ai-

mer & adorer comme autheur
& consommateur de nostre salut. C'est cette science amoureuse que l'Apostre presche par
tout & recommande à tout
propos fort efficacement, comme le fondement de nostre salut, & la principalle partie de
la gloire que le Pere eternel a
promise à Iesus, lors qu'il
lui disoit ces paroles écrites en
sainct Iean, ie vous ay glori-
fié & vous glorifieray derechef:
Commencez par vous mesmes,
ô Magdelaine, à lui rendre cette gloire : Et puis vous trauail-
lerez a exciter tout le monde
par voftre exemple, par vos paroles, & par vos prieres à faire le
semblable. Prenez la plus par-

faite connoiſſance qu'il vous
fera poſſible de ſes grandeurs,
& que ce ſoit l'vnique entre-
tien de vos penſees. O que vous
ferez heureuſe ſi vous pouuez
dire auec le grand S. Paul, ie
n'ay pas eſtimé ſçauoir aucune
autre choſe que Ieſus, & icelui
crucifié. Mais ou eſt-ce que ie
m'emporte d'inſtruire noſtre
ſaincte Amante des moyens
dont elle ſe doit ſeruir pour
glorifier ſon bien aymé? ie me
ſens pluſtoſt obligé d'admirer
l'éſclat des diuines lumieres,
dont le ciel la fauoriſée, à la
ſplendeur deſquelles ſon ame,
pour donner elle meſme de la
gloire à Ieſus, demeuroit ſans
ceſſe abyſmée dans la contem-

plation de ſes beautés ineffa-
bles, & faiſoit reluire au dehors
en ſes actions, tous les teſmoignages d’vne affection tres-fer-
uëte. Et côme elle eſtimoit que
c’eſtoit trop peu contribuer à
ſa gloire, de ne l’honorer que
par elle meſme, ſon cœur at-
teint & preſſé du deſir de lui en
procurer d’auantage, ſortoit
a toute heure de ſon ſein, pour
conuier les creatures à le ſe-
conder en cette amoureuſe entrepriſe. Elle vniſſoit ſa voix
dans vne celeſte harmonie auec
le Prophete Roy, & toute eſ-
meuë auſſi bien que lui, elle in-
uitoit le ciel & la terre, les Anges & les hommes, les poiſſons
& les oyſeaux, la lumiere & les

tenebres , le feu & les broüil-
lars, & tout le reste des creatures de s'assembler & de faire retentir l'vniuers de leurs con-
certs , pour magnifier la gloire
de leur createur. O Magdelaine , vous exhortiez les creatures raisonnables, de celebrer elles mesmes ses diuines loüanges : Et les autres de donner vn
ample sujet de le loüer , pro-
posant aux yeux des Anges &
des hommes, les merueilles de
leurs differentes proprietés, qui
manifestent la grandeur de sa
puissance. Mais passant encores
outre tout cela, comme elle re-
connoissoit dans les hommes
l'image de Iesus , ainsi que l'on
remarque celle du pere en ses

enfans, on voyoit reluire en son cœur vne extréme passion de les seruir pour l'amour de leur pere celeste, & de leur donner toute sorte de secours. La charité dont elle les exhortoit à la vertu, estoit semblable à vn Soleil, qui remplissoit le monde d'ardeur & de lumiere. Elle estoit le suport des miserables, l'azile des affligez, la consolation & la santé des malades. Comme les pecheurs ne connoissoient point de plus parfait modelle de penitence & de vertu qu'elle, aussi n'auoient ils point de secours plus fauorable que le sien, ny d'instruction plus forte, plus efficace, & plus puissante, que celle de

fes paroles , pour les retirer de
leurs crimes , & les faire r'entrer dans les voyes de la vertu.
Aussi estoit elle le sejour & le
siege du sainct Esprit , qui prenoit plaisir , d'agir par son en-
tremise , l'ayant comblée de
tant de graces , qu'il n'y auoit
point d'endurcissement qui ne
fust amoly par la ferueur de ses
paroles , & par les bruslantes ardeurs de sa charité.

C'est ainsi que la Magdelaine pratiquoit auec vne charité eminente les actes de
bienueillance enuers Iesus , &
enuers son prochain pour l'a-
mour de Iesus. Mais la pureté
de son intention, & l'vnique &
tres-simple dessein qu'elle auoit

XV.

DE LA
PVRETÉ
DE L'A-
MOVR DE
LA MAG-
DELAINE.

en toutes ſes œuures de contribuer à la gloire de ce bien aimé
de ſon cœur, ne mettent ils pas
le comble de perfection ſur
cette bienueillance ? & ne la
releuent-ils pas d'vn luſtre excellent & extraordinaire ? Cette pureté d'intention eſt la troiſieſme condition de l'amour,
qui ne merite nullement d'e-
ſtre nommé parfait s'il eſt inte-
reſſé, & meſlāgé ou de la crainte des rigueurs de la iuſtice diuine, ou de l'eſperance des recompenſes, que nous a promi-
ſes ſa miſericorde. Elle reſpand
vne influence de perfection
particuliere, ſur les actions ver-
tueuſes de ceux qui ſe ſont de-
diez au ſeruice de Ieſus. O que

leurs exercices reçoiuent d'e-
minence par son moien, & qu'ils
acquierent à l'ame vn haut degré de saincteté. Chacun sçait
que l'aigle voulant reconnoistre la force & la generosité de
ses petits, les prend les vns apres
les autres, les esleue au plus
haut des airs à l'aspect du Soleil, & les expose aux rayons
de ce bel astre, & que s'ils le regardent fixement sans estre es-
blouis de sa lumiere, & sans cil-
ler les yeux, il les reporte en son
nid, leur donne à manger, & les
esleue auec vn fort grand soin;
mais si au contraire, ils ferment
les yeux, & ne peuuent supporter son brillant esclat, il les pre-
cipite en bas, & les tuë comme

indignes de leur naiſſance. C'eſt en cette maniere que Dieu fait eſpreuue de la perfection & de la generoſité de noſtre amour. Si nous regardons fixement en toutes nos actions les raiz de ſa bonté infinie , ſans deſtourner noſtre veuë & nos deſſeins ailleurs, il nous reçoit au nombre de ſes parfaits amans : mais ſi nous nous deſtournons de la veuë de ſa bonté pour auoir eſgard à d'autres intereſts, c'eſt en vain que nous eſperons de receuoir la gloire de cette qualité en cette vie, & meſmes d'obtenir de grandes recompenſes de nos œuures dans le ciel. Car il eſt de meſme de nos actions que de la monnoye. Quoy qu'v-

ne piece foit de bon or, ou d'ar-
gent le plus efpuré qui fe puiffe
trouuer, fi elle n'eft battuë &
marquée au coing du Prince,
on n'en fait point d'eftime, &
chacun la rejette comme non
receuable. De mefme, fi vne
œuure quoy que vertueufe, n'a
la marque d'vne pure intention, la iuftice de Dieu en fait
peu d'eftime, & l'ame en reçoit
peu de recompenfe. Le prix de
nos actions dépend abfolumēt
de l'excellence du motif pour
lequel nous les faifons : & fi
nous n'auons point d'autre
veuë que la fouueraine, infinie,
& diuine bonté de Iefus, la
moindre de nos actions fera
d'vne valeur incomparable-

ment plus grande , & meritera
de bien plus riches coronnes,
que les plus genereuses qui se-
roient faites pour quelque autre consideration que ce soit.
Mais auec combien de perfection voyoit-on reluire cette
pureté d'amour en toutes les
actions de la Magdelaine, dont
la charité estoit tellement es-
purée, qu'elle n'aymoit rien au
monde que Iesus. Elle viuoit
auec lui comme vne chaste &
amoureuse espouse , qui ne se
soucie d'autre chose que de
posseder son cher espoux, & le
seul malheur qu'elle apprehen-
doit en l'aymant , estoit de ne
iouyr pas assez de sa diuine presence , & que quelque occasion

ne l'obligeaſt de deſtourner
pour vn ſeul moment ſon ame,
de la conſideration de ſes grandeurs, & de l'amour de ſes bon-
tés. Elle n'auoit aucun eſgard
aux gouſts interieurs , aux conſolations ſpirituelles,& aux delices extrémes qui ſe recueil-
lent dans l'vnion de Ieſus : de
peur d'eſtre tant ſoit peu diuer-
tie , de l'vnique & tres-pur a-
mour qu'elle lui portoit. Elle
proteſtoit à toute heure , que
c'eſtoit lui meſme & non pas
ſes biens & ſes conſolations
qu'elle recherchoit , s'eſcriant
amoureuſement auec l'eſpouſe. O mon bien aymé faites
moy veoir ou vous paiſſez & ou
vous prenez repos à l'heure de

midy, afin que ie ne me diuer-
tiſſe point apres les plaiſirs qui
ſont hors de vous. Son cœur
ſçauoit bien dire, que la bonté
eſtant aymable d'elle meſme, à
cauſe que l'auteur de la nature
l'areueſtuë de ſi puiſſans attraits,
qu'il eſt impoſſible à nos volontés de s'empeſcher de l'aymer: Celle de Ieſus qui eſt infinie, eſt auſſi incomparablement
plus aymable, & qu'il n'eſt pas
raiſonnable de l'honorer pour
d'autres conſiderations , que
pour elle meſme. O Ieſus, diſoit
cette ſaincte Amante , mon
ame rechercheroit elle d'autres
ſubjets de vous aimer que vous
meſme. He ! qui a-il de plus aymable que cette bonté infinie

que i'adore en voftre diuine effence, & que ie recognois dans
la fplendeur des effets qu'elle
fait reluire icy bas comme autant de clairs rayons qui for-
tent de la fource inefpuifable
de fa lumiere? C'eft vous, ô bonté eternelle, que ie veux aymer
à iamais, fans donner place à
aucun autre objet qu'à vous,
qui eftes la vraye bonté effen-
tielle, bonté ineffable, & bonté
infinie, que la nouueauté ne
change iamais, qui ne paffez
point auec le temps, & qui feul-
le eftes plus que fuffifante de
bien - heurer les ames. Les efpris du Ciel font raffaffiez de
voftre feule veuë, & brufleront
à iamais pour vous d'vn extré-

me amour. La diuinité mefme
n'a point d'autre objet de fa
beatitude que vous. C'eft vous
qui la rendez heureufe & qui
rempliffez la capacité qu'elle a
de poffeder vne felicité parfaite. Et cela eftāt ainfi, il n'y a pas
raifon de vous aymer pour autre fubjet que pour vous mefmes.

XVI.
Comme
la Mag-
dblai-
ne a em-
ploye'
tovtes
ses pvis
sances a
l'amovr
de Iesvs.

    O perfection admirable de
l'amour de Magdelaine. Ne lui
doit on pas accorder auec iufte
tiltre la qualité de parfaite
Amante de Iefus : puis qu'elle
ne fe plaift qu'en la veuë de fes
beautez, qu'elle n'a autre paffion que pour fon honneur,
qu'elle n'a autre deffein en toutes fes actions que fa gloire.
Ouy

Oui sans doute : & principalement si nous remarquons en
elle la quatriesme condition
du parfait amour , qui est d'employer toutes les puissances à
procurer de la gloire, & à rendre du seruice à la diuinité & à
l'humanité de Iesus. Le parfait
amour ne laisse rien inutile , &
il doit estre assis en la plus haute partie de nos ames , comme
dans son throsne , pour y exercer vn empire absolu sur toutes
les puissances , pour les mode-
rer selon ses loix , & ne les emploier à autre chose qu'au seruice de Iesus. Il doit reluire sur
elles comme vn soleil , les embellir toutes de ses raions , &
les perfectionner par l'exercice

H

de toutes les vertus : & fi nous
faifons referue de quelque puiffance , ou de quelque action
qui ne foit point employée à fa
gloire, il n'y aura point de perfection en noftre amour ; bien
qu'à vrai dire il fubfifte toufiours
en vn degré imparfait , pourueu
que nous n'aymions rien dans
les creatures qui lui foit contraire par fa malice, l'amour indifferent ne lui eftant pas in-
compatible. Car comme Sara
ne fe fafchoit point de veoir If-
mael fils de fa feruante , en la
compagnie de fon bien aymé
Ifaac, pourueu qu'il ne fe por-
taft point à lui faire d'outrage :
De mefme, la fouueraine bonté de Iefus ne s'offence pas de

veoir en nos cœurs des amours
indifferents en la compagnie
du sien, & son amour y subsiste-
ra tousiours, pourueu que nous
conseruions en son endroit, la
reuerence, le respect, & la sub-
mission qui lui est deuë. Mais
qui veut aspirer à vne perfection
eminente d'amour, est obligé
de bannir de son cœur cet
amour indifferent, & de ne
souffrir aucunes actions ny affections, qui ne tendent à sa
gloire, comme il se veoit en
l'exemple de nostre saincte A-
mante. O Magdelaine, com-
bien fustes vous soigneuse
d'emploier toutes les puissances de vostre ame au seruice de
vostre bien aymé ! vostre cœur

ne lui difoit-il pas inceffam-
ment, Qui a-il en terre, & mefmes en toutes les beautez de
l'vniuers, que ie puiffe aimer &
feruir finon vous, ô l'vnique
bien de mon ame ? Seigneur
vous eftes tout ce que ie defire,
& hors de vous ie ne peux rien
aimer. Elle fe fouuenoit que les
enfans d'Aron ayant mis du feu
eftranger dans leurs encenfoirs
pour brufler de l'encens en la
prefence du Seigneur, en
auoient efté punis exemplaire-
ment, la flamme qui en fortoit
les aiant deuorez : & pourtant
elle ne fouffrit iamais que fon
ame bruflaft d'autre feu que de
celui du fanctuaire, c'eft à dire,
de l'amour de Iefus. Hé ! quoy

disoit-elle , seroit - il possible,
que le ciel m'aiant fait veoir
que Iesus s'est entierement donné à nous pour faire seruir à nostre bien sa diuinité & son humanité , ie reseruasse quelque
puissance & quelque action
pour l'employer à autre chose
qu'à sa gloire. Oui , Iesus nous
a donné toute sa diuinité. Il
employe sa science à reconnoistre nos miseres , afin de nous en
soulager par sa misericorde ; son
amour la fait descendre des
cieux pour nous racheter ; Sa
bonté nous comble d'vn milion de diuerses faueurs ; sa iustice nous attend à penitence , &
recompense les moindres bon-
nes œuures que nous puissions

H iij

faire ; ſa puiſſance coopere à toutes nos actions , produit & conſerue les creatures qui ſer-uent à noſtre neceſſité & à no-ſtre plaiſir ; ſa prouidence nous ſert de guide & de conduite; ſon immenſité le rend preſent à toutes les rencontres auſquel-les nous auons beſoin de ſa pro-tection. Et tout de meſme il nous a donné ſon humanité. I'ay veu que ſon ame n'a viuifié ſon corps que pour lui donner moien de ſatisfaire par ſes ſouf-frances à nos iniquitez. Il n'a exercé ſon eſprit pendant qu'il a eſté en terre qu'à rechercher toute ſorte de moyens de reti-rer les pecheurs hors du vice,& de les diſpoſer à receuoir la recompenfe eternelle de fa gloire. On lui a veu expofer à toute heure fon corps au trauail & à la fatigue pour les aller chercher de cofté & d'autre. Bref il a efpanché fa vie & fon fang pour l'amour de nous. Et cela eftant ainfi, ne fommes nous pas obligez par l'equité & par la iuftice de confacrer à fa gloire toutes les facultez de nos corps & de nos ames ? Ne feroit-ce pas fe rendre coulpable d'vne extréme ingratitude que de refufer quelque chofe qui foit en nous au fouuerain Monarque du ciel & de la terre, qui fait feruir à noftre falut tout ce qu'il poffede, & ce qu'il eft, veu principalement que tout ce qui

H iiij

est en nous lui appartient par
tant d'autres iustes tiltres ? Ce
furent ces iustes considerations
qui donnerent vne extréme
passion à nostre saincte Amante d'employer toute ses puissances au seruice de Iesus, & qui
firent que depuis sa conuersion elle n'occupa son entendement à autre chose qu'à admirer les grandeurs de sa diuinité ; sa memoire qu'à conseruer
l'image de ses bien-faits : sa volonté qu'à aimer sa bonté & sa
beauté infinie ; ses passions qu'à
rechercher les objets sensibles
qui estoient capables de seruir
à l'auancement de sa gloire ; son
imagination qu'à inuenter des
moyens propres à cet effet : &

tous ses sens exterieurs qu'à receuoir des cratures les images
de ses beautez diuines, qu'elles
representent ainsi que de claires
& de luisantes glaces. Et pourtant il me semble qu'on la peut
comparer auec iuste raison aux
oyseaux de paradis, en la pro-
duction desquels il semble que
l'Autheur de la nature prend
vn singulier plaisir, tant il les re-
uest d'vne extraordinaire beauté & de proprietez pleines de
merueille. Ils volent sans cesse
au plus haut des airs, le plus proche du ciel qu'il leur est possible,
pour iouïr plus à descouuert de
la veuë du Soleil : & ils ne de-
scendent iamais en terre parce
qu'ils n'ont pas les pieds assez

forts pour y marcher. Quand ils
se veulent reposer ils ont deux
petits filets au ventre, dont ils
s'attachent à la sommité des arbres, sur lesquels l'autheur de la
nature (qui ne manque pas de
leur donner dequoi se nourrir
non plus qu'aux petits des cor-
beaux) leur fait tomber vne
douce rosée qui leur sert d'ali-
ment , & qu'ils vont recueil-
lant de leur bec. Car ainsi nostre saincte Amante estoit sans
cesse esleuée en esprit au plus
haut des cieux aupres de son
bien aymé , c'est là qu'elle se
pasmoit dans la contemplation
de ses beautez , qu'elle sauou-
roit les douceurs de son amour,
& qu'elle commençoit à gou-

ſter dés cette vie les delices de la gloire. Dauātage, ſi les affectiōs ſenſibles ſont figurees par les pieds, comme il eſt vrai, parce qu'elles portent l'ame de coſté & d'autre, ainſi que les pieds fōt le corps, elle eſtoit deſtituée de cette ſorte de pieds pour s'ar-reſter ſur la terre & conuerſer auec les creatures, ou pour le moins ſi elle dōnoit place à quel-que affection des creatures elle eſtoit ſi foible qu'elle ne cau-ſoit aucune diminution à l'a-mour qu'elle portoit à Ieſus, & ne l'empéchoit nullement de s'eſleuer & de faire ſa demeure dans le ſein de la diuinité. Pour ſe delaſſer quelquefois, elle s'at-tachoit de l'entendement &

de la volonté , cõme auec deux
filets à la croix de Iesus pour s'y
repofer & fi confoler auec lui :
& c'eſt là qu'elle prenoit de
nouuelles forces, & qu'elle recueilloit des contentemens &
des confolations que les paroles ne peuuent exprimer , &
qu'à peine l'efprit eſt capable
de comprendre. Et ainfi nous
auons remarqué toutes les conditions du parfait amour de Iefus en celui de Magdelaine. Mais
il faut maintenant en confiderer
les effets.

XVII.
DE L'V-
N.ON A-
MOVREV-
SE DE LA
MAGDE-
LAINE
AVEC IE-
SVS.

Le premier effet que les
Theologiens apres les Philofophes attribuent à l'amour , eſt
qu'il vnit l'amant au fubjet qu'il
ayme. Et pour preuue de cette

verité, ils nous font remarquer
que comme l'amour prophane
& impudique recherche l'v-
nion des corps, tout de mesme
l'amour chaste & honneste fait
aspirer les amans à l'vnion des
affections & des volontez.
D'où vient que sainct Denis
Areopagite dit, que l'amour est
vne vertu vnissante : Platon au
Sympose asseure qu'il n'est autre chose qu'vn desir d'vnion:
Aristote monstre en ses Ethi-
ques, qu'il fait naistre entre les
amants vne communication
si entiere, que l'amant conside-
re celui qu'il aime comme vn
autre soy mesme : & Quintilian
enseigne que c'est vn esprit qui
anime plusieurs corps. Et n'est-

ce pas aussi pour ce sujet que le
texte sacré de l'histoire des
Roys voulant descrire auec perfection l'amitié de Dauid & de
Ionathas , nous dit que leurs
ames estoient collées l'vne auec
l'autre. Ouy sans doute, & il est
vrai que les amans tiennent si
chere la presence de ce qu'ils aiment, qu'on les veoit comblez
de ioye quand ils peuuent estre
ensemble pour s'entretenir de
leurs pensées , gouster la douceur de la conuersation & se té-
moigner reciproquement la fidelité de leur amour ; Et au
contraire, souffrir mille peines
& mille tourments quand ils
sont forcez de se separer. O que
cette verité se remarque eui-

demment'dãs le plus auguste &
le plus venerable mystere de nostre creance, où la foy nous fait
veoir que le Verbe eternel estãt
deuenu amoureux de la nature
humaine, ne pût iamais estre cõ-
tẽt qu'il ne s'y fust vni. Admirõs
y la force estrãge de l'amour qui
vnit la vie à la mort, la gloire à
la bassesse, la puissance à l'infirmité, la grandeur à la misere, l'eternité au temps, la royauté à la seruitude, la majesté à l'esclauage,
& la diuinité à l'humanité. Mais
comme l'amour a eu le pouuoir
d'vnir la diuinité à l'humanité,
aussi est-il le moyen que Dieu
a donné à l'homme pour s'vnir
à sa diuinité. Considerons ici
auec estonnement la bonté de

l'autheur de l'vniuers qui est
ariuée iusques à ce point pour
nous combler de gloire & de
bon-heur, que de nous donner
vne faculté qui estant capable
d'amour nous vnist à sa grādeur
comme à nostre fin derniere &
au centre de nostre beatitude.
Il nous donna l'entendement
qui a le pouuoir par ses con-
noissances de l'attirer à nous, &
en suitte il nous a accordé la
volonté pour nous vnir à lui par
amour. Car il y a cette differen-
ce entre l'entendement & la
volonté, que l'entendement
exerce ses actions en receuant
dans son sein les images des objets qu'il connoist : & que la
volonté qui est vne puissance

vnitiue

vnitiue fait fortir l'amant hors
de foi pour l'vnir à ce qu'il aime, & le faire renoncer à fon
propre eftre, à fes penfées, à fes
affections, à fes volontez, & à
fes delices pour prendre celles
de l'objet de fon amour. Con-
fiderons cette verité en la perfonne de noftre parfaite amante. Ci-toft qu'elle eut receu de
lui le pardon de fes offences, &
que le S. Efprit eut r'alumé dans
fon ame le feu facré de l'amour
diuin qu'elle auoit efteint dans
l'eau fangeufe de fes voluptez,
elle ne le pouuoit plus perdre
de veuë, elle le fuiuoit de tous
coftez, il ne pouuoit aller en
aucun lieu qu'elle ne s'y trou-
uaft, elle demeuroit affife à fes

pieds, elle les embraſſoit & les
baiſoit auec tant d'ardeur que
l'on euſt dit que ſa bouche y
eſtoit collée. Sa bouche larron-
neſſe qui auoit autresfois deſro-
bé tant de cœurs, enſorcelé
tant d'ames, & charmé tant
d'eſprits demeuroit atachée ſi
fortement à ces ſacrez pieds,
qu'il ſembloit qu'elle ne s'en
vouluſt iamais ſeparer, elle y ſa-
uouroit des douceurs emmiel-
lées, elle y gouſtoit la ſuauité
du nectar & de l'ambroſie dont
ſe nourriſſent les bien-heureux,
elle y recueilloit vn miel deli-
cieux ſemblable à celui dont ſe
repaiſſent les Anges, & ces
douceurs rauirent ſon ame au
meſme inſtant, & lui donnerent

la liberté de s'enuoler par sa
bouche droit au cœur de son
bien aimé, pour s'y embraser
d'vne ardeur surnaturelle, qui
consommant tout ce qu'il auoit
de terrestre, le transforma en
vn estre celeste & diuin. Mais si
nous considerons le reste de sa
vie apres sa conuersion; O Iesus
qui fut iamais capable de la separer de vous? les tirās, les bourreaux, les persecutiōs, les armes,
les soldats, la mort? non, tout
cela n'a pas eu assez de puissance. Qui eust veu son cœur dans
la violence que lui faisoient les
tirans, lors qu'ils le menoient
sur le caluaire, il lui eust veu dire; O bourreaux qui emmenez
captif le bien aimé de mon ame,

vous ne fçauez pas que vous emmenez auec lui mon cœur, fi vous l'allez mettre en croix, vous y attacherez auffi mon cœur, n'en doutez nullement; & fçachez que fi vous le faites mourir, il n'eft pas poffible que ie viue. Mais les perfecutions de Iefus n'eurent pas d'auantage de pouuoir de la chaffer d'auprés de lui, & la faire fuir comme les Apoftres, puifque on la veit toufiours aux pieds de la croix, toute teinte de fang. Les armes des foldats ne lui donnerent point auffi de frayeur : car elle paffa au trauers des compagnies de gens d'armes pour s'approcher de Iefus. Et en fin aprés tout cela, la mort ne fut

pas aſſez forte pour la ſéparer
de lui : elle l'alla chercher au
tombeau, & ne l'y rencontrant
point, elle s'en alla en tous les
lieux ou elle ſe pût imaginer
qu'il eſtoit. Mais aucune de ces
choſes n'eſtant capable de vous
faire quitter le bien aimé de voſtre ame, ô Magdelaine, pour
le moins la beauté des Anges
qui ſont au ſepulchre ne vous
arreſtera-t'elle point quelque
temps, & n'aura-elle pas le pouuoir de vous faire differer vn
moment d'aller chercher voſtre Ieſus, pour vous entretenir
auec eux ? non, ce n'eſt pas ce
que vous cherchez : & quand
vous voiez qu'il n'y eſt plus, &
qu'ils ne vous en peuuent don-

ner de nouuelles on vous veoit
outrée de douleur , accablée
fous le faiz d'vn ennui infup-
portable , la violence de la tri-
fteffe vous preffe de telle forte
que vous ne fçauez ce que vous
faites, vous eftes fuffoquée de
vos larmes, & on remarque fur
voftre vifage tous les traits d'v-
ne extréme affliction. L'efpe-
rance que vous auiez conceuë
de paffer le refte de vos iours
aupres de fes cheres defpoüil-
les qui auoient efté mifes dans
le tombeau , donnoit quelque
foulagement à voftre affliction:
Mais comme vous croiez que
quelqu'vn les a dérobées vous
vous abandonnez entre les
mains de la douleur. Miferable

que ie suis, dites-vous, que de-
uiendray-je maintenant, ou est
mon bien aimé, en quelle part le
chercherai-je pour le trouuer.
Ie rompray mon sommeil, ie
me léueray & m'en iray par
tous les lieux de la terre, sans
prendre aucū repos, iusques à ce
que ie l'aye rencontré. Sus mes
yeux; versés des torrens de larmes, & mes pieds preparez-
vous à faire de continuels voya-
ges sans vous reposer pour trouuer celuy qui me fait brusler
d'impatience. Et ainsi l'on voit
dans la douleur de noftre sainte Amante, le desir passionné
qu'elle auoit d'estre vnie à son
bien aymé. Mais remarquons
le aussi à la premiere rencontre

I iiij

qu'elle eut de lui apres qu'il fut
reſſuſcité, & qu'il lui aparut en
forme de jardinier. Sa douleur
inſuportable fut changée en
vne ioye extréme, & l'amertume de ſes larmes en des larmes
d'amour, ſes eſprits lui reuinrēt.
Et comme noſtre Seigneur cō-
mença de lui parler, elle l'inter-
rompit de ioye & n'eut iamais
la patience de l'écouter. Il lui
ſembla qu'elle n'auoit plus que
faire de paroles , puis qu'elle
auoit rencontré celui qui eſt le
Verbe & la parole du Pere eternel, elle ſe laiſſa auſſi toſt emporter à la violēce des ſentimens de
ſon amour, qui la fit ietter à ſes
pieds pour les embraſſer & les
baiſer. Elle euſt bien deſiré ne

l'abandonner iamais, mais son ascension au Ciel, lui rendit impossible la ioüissance de ce bonheur. O pauure amante que fairés vous desormais, que vostre bien aimé sera aussi esloigné de vous que le Ciel est de la terre, ne trouuerez vous point de remede pour demeurer vnie auec lui? En voici vn que l'amour lui fournit aussi tost.

Quant il fut monté aux Cieux, & qu'elle se vit réduite dans l'impuissance de ioüir de sa presence corporelle, elle se resolut de le suiure en esprit, & de ne donner iamais place à d'autres pensées, ny à d'autres affections qu'à celles de son bien aimé: sçachant que c'estoit la seule voye

par laquelle elle lui pouuoit demeurer inseparablement vnie.
Et pourtant (afin que le monde qui est tout rempli de diuer-
tissemens, n'aportast aucun ob-
stacle à son amoureux dessein) elle se resolut de l'abandonner, &
de se retirer dans la solitude. Elle monta sur mer auec autant
de courage que d'allegresse, fauorisé en son dessein de l'iniustice des Iuifs (qui ne pouuant
supporter l'esclat de sa vertu la
condamnerent à vn perpetuel
exil) aussi bien que de l'ange tu-
telaire de la France, lequel con-
duisant sa barque la fit aborder
heureusement au port de Mar-
seille, où elle employa quelques
annees à desabuser le peuple du

païs qui adoroit les faux Dieux, & à l'esclairer de la lumiere du Christianisme; puis elle se retira pres de là dans vne grote, pour y passer le reste de sa vie en de continuels exercices de côtemplation & d'amour, & ainsi demeurer tousiours vnie auec son bien aimé. Vous l'eussiez veuë le dos couuert d'vne rude haire, les cheueux pendans sur son corps pour lui seruir de vestement, le visage pasle & semblable à celui de la penitence mesme, les bras nuds, les iambes découuertes, & les pieds deschaus, sa haire estoit ceinte d'vne grosse corde de crin, elle n'auoit point d'autre lit que la terre, ny d'autre nourriture que

des herbes cruës. O heureux
defert qui as efté l’efchole ou
noftre fain&te Amante s’eft
confommée en la fcience des
grandeurs de Iefus. Le Paradis
terreftre ou les Anges voyoient
fleurir continuellement dans
fon ame ; les rofes d’vne charité
enflammée, les lis blanchiffans
d’vne incorruptible chafteté,
les violettes d’vne profonde
humilité, & la mirrhe d’vne au-
ftere mortification. C’eft vous,
ô fain&te Grote, qui auez efté
le temple où elle faifoit brufler
l’encens d’vne continuelle oraifon , vous auez efté la fournaife ou elle s’eft embrafée
d’amour & ou l’autheur de la
grace a efpuré toutes fes vertus

iufques à la plus eminente perfection qui fe puiffe imaginer.
Vous auez fait pallir le vermil-
lon des rofes qui paroiffoit fur
fes iouës pour embellir fon ame
de la celefte rougeur qui fe
veoid fur le vifage des Cheru-
bins. Vous auez efté le champ
de bataille, ou comme vne ge-
nereufe Athléte, elle a terraffé
le Diable, le monde, & la chair.
Vous auez efté femblable à l'ef-
chelle de Iacob, puifque c'eft
par voftre moyen qu'elle mon-
toit au fein de Iefus, & que Iefus defcendoit dans fon ame.
N'auez vous pas efté la lice ou
elle a acquis la couronne de la
gloire, le cabinet ou la Diuinité lui communiquoit fes fe-

crets, & comme vn ciel en terre
ou elle poſſedoit vne partie de
la gloire auant la mort , par les
exercices de l'amour & de la
contemplation. O la plus heureuſe ſolitude qui fut iamais ! ô
la plus auguſte & la plus venerable grotte qui ait eſté hono-
rée par la preſence des Anacho-
rétes. Bien-heureuſe es tu vraye-
ment , puis que c'eſt dans ton
enceinte que Ieſus eſt venu demeurer auec la Magdelaine;
puiſſe-tu à iamais viure dans la
memoire des hommes. Que
les ſiecles aduenir te reſpectent,
que tous les peuples de la terre
te viennent viſiter par honneur,
& le ciel les y comble de graces
& de faueurs : que les Chre-

ſtiens t'arrouſent de leurs larmes pour honorer celles qu'à ſi
ſouuent eſpanduës la Magdelaine. Le Soleil fauoriſe de ſes plus
beaux iours & de ſa plus viue
lumiere ceux qui te viendront
viſiter, & les prieres qu'ils ferōt
deuant ton autel, puiſſent auſſi
toſt penetrer les cieux & arriuer
aux oreilles de l'Eternel; puiſſe-
tu eſtre vn refuge de ſainĉteté,
& vn azile de ioye à tous ceux
qui feront vœu de te veoir en
l'honneur de celle qui t'a ſan-
ĉtifiée par ſa preſence, les ſouſ-
pirs & les larmes dont elle t'a ſi
ſouuent remplie, leur ſoient
conuerties en conſolation & en
ioye, & les loüanges de Ieſus y
retentiſſent à iamais.

Encore que la force de l'a-
mour reluiſe auec beaucoup
d'éclat en ce premier effet , qui
eſt d'vnir les ſujets qui s'aiment,
& particulierement en ce que
lui auons veu tirer le Verbe
eternel du ſein de ſon Pere,
pour l'vnir à la baſſeſſe de noſtre
humanité. Si eſt-ce qu'il ne ſert
pas de bornes à ſa puiſſance, qui
paſſe beaucoup plus outre, ra-
uiſſant hors d'eux meſmes les
amans pour les tranſporter &
les faire viure dans le ſujet qu'ils
affectionnent , où ils eſtabliſ-
ſent leurs penſées, leurs deſirs ,
leur repos, & leurs delices. Ces
tranſports ou extaſes ſont veritablement d'eſtranges effets,
mais auſſi ne peuuent-ils proceder

XIX.
Des ex-
raſes a-
moureu-
ſes de la
Magde-
laine en
la veue
de Iesvs.

ceder que d'vn exceſſif & violent amour, qui ſeul eſt capable de les produire. C'eſt vne
merueille étrange que l'amant
atahe ſi puiſſamment ſon a-
mour & ſes penſées à ce qu'il
aime, que, comme ſi la violence de ſon affection pouſſoit ſon
ame hors de ſon corps, & la faiſoit ſortir par force, il demeure
ſemblable à vn mort, ſa chaleur ſe retire au cerueau, laiſſe
en tout le corps vne grande in-
temperie, & conſomme le ſang
le plus pur, ſes extremitez demeurent froides, ſon viſage
paſle & de couleur de terre, ſes
lévres ſeiches, ſes yeux perdent
leur lumiere, & les eſprits qui
l'animoient & le faiſoient vi-

K

ure, paroissent tellement dissi-
pés, que l'on diroit que son ame
est sortie au dehors pour aller
trouuer ce qu'elle aime. D'où
vient que quelques vns ont
nommé ces transports du nom
de trépas : & fort à propos ve-
ritablemēt. Veu que comme la
mort consiste en la separation de
l'ame qui informoit le corps, l'a-
me des amans s'en-volant ail-
leurs dans ces rauissemens, & faisant plus de demeure en l'objet
de leur amour, que dans la pri-
son de leur corps ou elle est dete-
nuë captiue, on à toute sorte raison de dire qu'ils sont morts. Et
puis leurs corps demeurēt auec
les mesmes accidens qui se re-
marquent en ceux des morts ,

& on les voit sans mouuement,
la couleur pasle & plombée, les
yeux batus, & en vn mot, tous
deffigurez. Que si ce nom de
mort semble excessif, on peut
dire du moins que c'est vn dormir & vn sommeil. Car comme
dans le sommeil, encores que
le corps se repose, l'esprit ne
laisse pas d'agir, & c'est lors, dit
Aristote, qu'il fait ses fonctions
auec plus de liberté, n'estant
point distrait par les sens, quoy
qu'auec moins de iugement,
comme il se connoist assez par
les extrauagances des songes:
ainsi pendant l'extase, le corps
estant dans vn profond assou-
pissement, l'ame à vne pleine
liberté de traitter auec ce qu'el-

le aime, & elle eſt entierement
deſgagée des liens, & de la fer-
uitude de la chair. L'amante
du Cantique ſe repoſoit dans ce
ſommeil, lors qu'elle diſoit ces
paroles : Ie dors, & mon cœur
veille. Mais qui voudra ſçauoir
la raiſon de ces accidens ſi eſtrã-
ges, l'apprendra de la doctrine
des Philoſophes, comme de
Platon, qui nous enſeigne, que
les forces de l'ame eſtans limi-
tées, & n'ayans qu'vne certai-
ne eſtenduë d'actiuité, elles demeurent entierement eſpui-
ſées, & n'ont plus aſſez de vigueur pour animer, viuifier, &
faire agir les puiſſances ſenſiti-
ues, qui demeurent comme aſſoupies, lors que les amans vien-

nent à atacher puiſſamment
leurs penſées & leurs affections
à ce qu'ils aiment. Il n'eſt pas
de nos ames tout de meſine
que du Soleil , lequel pour eſ-
clairer parfaittement vne con-
trée ne fauoriſe pas moins les
autres de ſa lumiere ; car ſi elles
communiquent leur vigueur
auec effort à quelqu'vne de
leurs puiſſances , elles n'ont pas
la force de faire agir les autres,
mais elles les laiſſent comme
deſ-animées dans vne oiſiue lan-
gueur. Plus la fontaine ſe dé-
gorge largement dans l'vn de
ſes ruiſſeaux , & plus les autres
ſe rendent foibles , ainſi plus l'a-
me communique de vertu à
quelqu'vne de ſes puiſſances , &

K iij

plus les autres demeurent de-
biles & impuiſſantes. Si elle oc-
cupe auec violence la volonté
dans les exercices de l'amour,
l'entendement & les autres facultés deuiennent ſi imbecilles,
qu'elles ne peuuent agir, du
moins auec perfection, & le
corps meſme paroiſt ſemblable
à celui des morts. Que ſi l'amour
n'eſt pas touſiours aſſez violent
pour produire dans les corps ces
accidens ſi eſtranges qui ariuent
dans les extaſes, pour le moins
remarque-t'on qu'il tranſporte
tellement l'eſprit des amans,
qu'ils ne ſçauent ſouuēt ce qu'ils
font, & que perdant le iugement ils ſe laiſſent emporter à
des extrauagances. D'où vient

qu'vn ancien diſoit, que Iupiter
meſme ne pouuoit pas aimer &
eſtre ſage tout enſemble. Qui
ne ſçait qu'ils ſe portent à des
actions dont le ciel & la terre
rougiſſent de honte, & dont ils
ont eux meſmes vn extréme dé-
plaiſir quant ils ſont reuenus à
eux , & que leur paſſion leur a
donné quelque relaſche ? Ne
veoit - on pas leur ame continuellement agitée , flotter entre l'eſperance & la crainte ſans
aucune fermeté ny conſiſtence,
tantoſt imprimer ſur le viſage
des ſignes de ioye, & peu apres
de douleur ? Qui ne les a veuz
aller & venir ſouuent de part
& d'autre, ſans ſe pouuoir exem-
pter des poignantes inquietu-

K iiij

des qui les trauaillent , & sans
estre capables de resister à la
violence de leur passion, qui les
porte à faire beaucoup de choses qui les font paroistre presque
insensez ? Mais voulez vous remarquer tous ces effets en nostre parfaite Amante ? Conside-
rez comme sept fois le iour,
c'est à dire, la pluspart du temps
son corps demeuroit gisant sur
la terre comme mort & insen-
sible pendant que son ame es-
puisoit toutes ses forces dans
les exercices de la contemplation & de l'amour de Iesus. Ses
pieds demeuroient sans mouuement , ses yeux sans lumiere &
tous baignez de larmes, sa bouche sans parole , & sans faire en-

tendre autre chofe que des
foufpirs, fes lévres fans leur co-
rail : & on euft dit que fon ame
ennuyée des liens du corps, les
auoit rompus pour s'enuoler
dans le cœur de Iefus. Que fi la
violence de fon amour ne la re-
duifoit point à cette extremité,
& lui laiffoit l'vfage des fens,
fon efprit ne laiffoit pas d'eftre
tout tranfporté, & de faire des
actions femblables à celles d'v-
ne perfonne qui eft hors d'elle
mefme. Elle eftoit infenfible à
toute autre chofe qu'à ce qui
eftoit de Iefus, fentant elle ne
fentoit pas, oyant elle n'oyoit
pas, voyant elle ne voyoit pas,
& mefme elle n'eftoit pas ou
elle eftoit, parce qu'elle eftoit

toute dans le fein de Iefus. Voi-
la ce bien aimé de fon cœur qui
eft attaché & mort en la croix,
qu'elles extrauagances ne fait
elle pas ? Elle s'abandonne entierement entre les mains de la
douleur, elle court les ruës de
Hierufalem pour le chercher,
elle va pendant la nuit tout de
mefme que le iour, fans prendre
garde que cela eft meffeant à
fon fexe , elle oublie toute
crainte & toute ioye, elle s'oublie foy mefme, & tout ce qui
n'eft pas celui qu'elle aime vni-
quement. Il femble qu'elle ne
fe fouuienne plus des promef-
fes qu'il lui à faites & à fes Apoftres de reffufciter, puis qu'elle
le cherche dans le tombeau,

car fi elle fe fouuenoit de fes paroles, elle ne feroit pas tant af-
fligée de fa mort, qui ne le deuoir retenir que trois iours captif dans fes liens : mais pluftoft
elle receuroit de la ioye de fa
nouuelle vie, elle ne l'iroit pas
chercher au fepulchre, & ne l'y
trouuant pas, elle n'auroit pas
la creance qu'on l'ait enleué. O
quelles extrauagances lui fait
faire l'amour ; confolons là
pour veoir fi elle ne reuiendra
point à elle. O Magdelaine !
confolez vous, voftre bien-ai-
mé eft reffufcité, ne le cherchez
plus dans le tombeau, venez le
reconnoiftre, le voicy qui fe
vient faire veoir à vous, il s'eft
déguifé, parce qu'il ne fe veut

pas faire connoiſtre à d'autres.
Il paroiſt ſemblable à vn jardinier, vous le voyez auec ſa beſ-
che en la main, la face hallée ainſi qu'vn homme champeſtre, la
barbe mal agencée, les cheueux
ſans ornemēt, le geſte & les façōs
de faire entierement ſemblables
à celles que la nature enſeigne
aux gens de vilage, cela neantmoins ne vous doit pas empeſcher de le reconnoiſtre, pource qu'il eſt, & de remarquer tous
les trais de ſō viſage ; jettez vous
à ſes pieds, embraſſez-le comme
voſtre eſpoux. O force merueil-
leuſe de l'amour, qui trouble
tellement les ſens de noſtre parfaite amante, qu'elle a de la peine de reconnoiſtre ce beau So-

leil leué des le matin qui donne
dans ses yeux, & par leur ouuer-
ture entre en la maison de son
cœur. L'amour a excité dans
son ame vn si espais nuage d'affliction, que ses yeux sont tout
obscurcis; elle ne peut s'imaginer que ce soit son bien aimé,
qui est deuant elle , & qu'elle
cherche auec tant d'impatien-
ce:l'image de la douleur qu'elle
a conceuë en le voyant souffrir
de cruelles douleurs , & perdre
la vie en la croix , a fait vne si
puissante impression sur son
ame , qu'elle est encore hors
d'elle mesme, & qu'il lui semble qu'elle ne le doiue trouuer
en aucun lieu que dans le sepulchre , & en autre condition

qu'en celle d'vn mort. Pardon-
nez moy, ô parfaite amante, ſi
ie deſcouure les extrauagances
de voſtre amour, elles ne vous
peuuent acquerir que de la
loüange, comme elles ne vous
ont ſeruy d'autre choſe, qu'à
vous faire aimer dauantage de
Ieſus; vous eſtes excuſable, car
vous auez perdu la vie de voſtre
ame, qui eſt Ies⁹ crucifié, & l'excez de voſtre amour à rauy voſtre eſprit hors de vous meſmes,
pour le faire viure dans le cœur
de Ieſus qui l'anime de ſa vie.
O merueille eſtrange de l'a-
mour de Magdelaine, qui a eſté
ſi fort, que de lui rauir l'ame
pour la faire viure en Ieſus. Mais
quoy, Magdelaine eſt elle mor-

te pour ne viure plus en elle
mefme? non, elle ne l'eft pas ab-
foluëment, puis qu'elle vit d'v-
ne vie furnaturelle, & neantmoins comme fon ame n'agit
plus par elle mefme, tous fes
mouuemens font produits par
la puiſſance de Iefus qui la poſ-
fede. Elle n'a non plus d'efgard
à fes interefts & à toutes les
creatures, que fi elle n'eftoit
plus au monde ; & c'eft pourquoy on dit qu'elle eft morte, ô
heureufe mort qui lui a fait ou-
trepaſſer les limites de fa vie ordinaire, pour viure dans les volontez de Iefus. Si vous me de-
mandez que deuiennent la vie
& l'ame de Magdelaine dans
cette mort, & dans ce fommeil

amoureux ; ie vous demande-
ray que deuient la clarté des
eſtoilles quant le Soleil paroiſt
ſur noſtre horiſon, elle ne perit
pas à la verité, mais elle eſt ab-
ſorbée dans la ſouueraine lumiere du ſoleil , auec laquelle
elle eſt imperceptiblement meſ-
lée & conjointe : ainſi Magdelaine mourant en elle meſme,
& Ieſus commençant de vi-
ure en elle , ſon ame ne perit
pas: mais elle eſt tellement abiſ-
mée dans le ſein de Ieſus, qu'elle n'agit plus que par lui , non
plus que pour lui : elle n'a plus
aucun vouloir que conformement aux mouuemens & aux
inſtincts qu'elle reçoit de lui. Et
comme celui qui eſt dans vn

nauire

nauire ne ſe remuë pas de ſon
mouuement propre , mais ſe
laiſſe entierement conduire
au mouuement du nauire : De
meſme l'ame de Magdelaine eſt
tellement renfermée dans le
cœur de Ieſus qu'elle n'a plus
autre mouuement que celuy,
de ſe laiſſer conduire à ſes diuines volontez. Elle eſt du nombre de ceux dont parle l'incomparable Apoſtre quand il dit eſ-
criuant aux Colloſſiens , vous
eſtes morts , & voſtre vie eſt cachée auec Ieſus-Chriſt en Dieu,
mais quant Ieſus-Chriſt aparoi-
ſtra qui eſt voſtre vie , vous pa-
roiſtrez lors auec luy,& on con-
noiſtra que vous auez vne vie
non telle qu'elle, mais celle de

L

Iesus-Christ. Vous estes morts, dit-il, pource que l'on meurt en aymant, & l'amour vous a rauy vostre ame pour la transporter en Iesus ; mais la vie que vous auez perduë en vous mesmes, vous la possedez en Dieu, elle est cachée dans son sein auec Iesus, qui est retourné au sein de son Pere, pour ne paroistre plus dans le monde iusques aux derniers temps, & Dieu vit en vous. O heureux eschange que l'amour fait faire à Magdelaine, elle se donne à Iesus, & Iesus se donne a elle, & mourant en soy mesme, Iesus commence de viure & de regner en elle, de prendre la conduite de toutes les puissances de son ame, & de ren-

dre ſes actions diuines. Ouy,
diuines , car les actions de
Magdelaine depuis le temps
qu'elle eſt entrée en la poſſeſſiō
de Ieſus, doiuent plus eſtre atribuées à ce maiſtre de ſon cœur,
qu'à elle meſme. Quand vn maiſtre à eſcrire tient & conduit la
main de ſon diſciple , l'eſcriture
qu'ils font enſemble eſt principalement reconneuë pour vn
ouurage du maiſtre, parce qu'encores que le diſciple ait contri-
bué le mouuement de ſa main,
& appliqué la plume ſur le pa-
pier, ſi eſt-ce que le maiſtre ayāt
conduit le mouuement de la
main du diſciple , on le reconnoiſt pour la cauſe principale
de tout ce qu'il y a de bien en

l’efcriture, encore qu’on ne laif-
fe pas de loüer le difciple, à caufe de la fouplefſe auec laquelle
il s’eſt laiffé conduire à la main
du maiſtre. Ainſi la Magdelaine
eſtant poffedée par la diuinité
de Iefus, qui auoit pris vne ſi particuliere conduite, de toutes
fes puiffances, qu’elle n’agiffoit
plus que par les mouuements
de la grace ; fes actions doiuent
eſtre particulieremét atribuées
à Iefus , & c’eſt à ſa puiffance
qu’on en doit r’aporter la gloire
principale.

XX.
DE LA CONFORMITE´ AMOVREVSE DE LA MAGDE Or la diuinité de Iefus ayant
pris vne telle poffeffion de l’a-
me qui lui a dedié toutes les affections de ſon cœur comme
Magdelaine , ce n’eſt pas de

merueille que l'amour produiſe
en elle vn troiſiéme effet , qui
eſt la transformation , & la
reſſemblance , & que Ieſus produiſe en elle des actions ſemblables aux ſiennes. Quand il
arriue que deux agens ſont ſemblables , diſent les Philoſophes,
ils produiſent des effets ſemblables. Auſſi lors qu'vn cœur
vient à eſtre enflammé du meſme feu qui eſchauffe celui de Ieſus , & tranſporté en luy par la
force de l'amour, pour y mener
vne vie toute diuine , on n'en
veoit plus partir que des actions
entierement ſemblables à celles
de Ieſus. Les Philoſophes ont
atribué à toute ſorte d'amour,
le pouuoir de transformer les a-

mãs l'vn en l'autre, & de leur faire rechercher vne grande conformité en leurs actions. Et l'ex-
perience nous fait veoir qu'ils
ont les mesmes pensées, les mesmes desirs , les mesmes affectiõs, les mesmes volõtés, & les
mesmes delices ; Que ce qui est
agreable à l'vn , l'est pareillemẽt
à l'autre , que ce que l'vn veut
l'autre l'embrasse , & ce que l'vn
ne veut pas l'autre le fuit & l'a
en horreur ; Que toutes leurs
actions & leurs déportemens
conspirent à vne mesme fin, &
se proposent vn mesme objet;
parce que, dit Aristote, l'amour
a tellement vny & allié leurs
ames , que de deux il n'en a fait
qu'vne, & les ayant ynies, il leur

fait produire mesmes actions.
Il eſt de leurs ames tout de meſme que de la greffe & du tronc
qui a eſté enté. Car comme ces
deux corps qui ſont vnis enſemble, produiſent meſmes fruits,
Ainſi les ames qui ſont vnies
par l'amour ſe portent à des
actions toutes conformes. Heureux donc eſt celui qui laiſſe rauir dans les exercices de l'a-
mour, ſon cœur & ſon ame à
Ieſus, puis que ce Dieu d'amour
ſe donnant à luy en eſchange,
le transforme en l'image de ſon
eſtre diuin, luy fait faire des
actions ſemblables aux ſiennes,
& le rend Dieu par participation. Celuy qui entre dans la
boutique d'vn Parfumeur re-

çoit non seulement du plaisir à
sentir les odeurs dont elle est
remplie, mais dauantage se par-
fume soy mesme & acquiert
vne tres suaue odeur , de mesme outre les delices que nostre
ame ressent en l'vnion de Iesus, elle attire & reçoit en son
sein les qualitez diuines qui
sont en luy , la delectation ou-
urant en quelque maniere ses
pores pour les receuoir & donner entrée aux impressions que
fait sa diuine presence. Voulez
vous veoir l'image de cette verité en la personne de vostre parfaite amante , dont le cœur e-
stroitement vni à Iesus & soub-
mis aux loix de sa possession, ne
respiroit autre chose que de se
conformer aux vertueuses &

diuines qualitez qu'elle remar-
quoit en luy. Elle creut que
c'eſtoit trop peu , de prendre
pour modelle de ſes actions &
de ſa conduite les Patriarches
& les Prophetes qui l'auoient
precedée pendant le temps de
la loy ; & ſon amour ne luy pût
permettre d'auoir vn autre exē-
plaire que Ieſus , veu principalement qu'elle l'auoit entendu
exhorter ſes Apoſtres , d'eſtre
parfaits comme leur Pere celeſte , qui n'eſt autre que luy
meſme. En quoy nous pouuons
dire , qu'elle ſuiuoit l'exemple
du ſage Peintre , qui ſe voulant
perfectionner en ſon art, & meriter vne gloire excellente en
ſes ouurages, ne prend pas pour

modelles les tableaux des Pein-
tres ordinaires , mais s'eftudie
d'imiter ceux des plus fçauants
Maiftres, où il veoit des inuentions parfaitement gentilles,
le coloris fort beau , les figures
bien plantées, la carnation viue,
la draperie riche , le relief gran-
dement fort, les iours efclaircis
comme il faut , les ombrages
doucement obfcurcis , l'efloi-
gnement bien obferué , l'a-
ction des figures toute viuan-
te, la difpofition des perfonna-
ges bien ordonnée , bref tout
l'ouurage tres finy & excellemment peint. Car ainfi noftre
Sainte amante afpirant à la gloire d'vne eminente vertu , ne fe
contenta pas de l'exemple des

Patriarches & des Prophetes,
Mais prit refolution de former
fa conduite fur les plus dignes
& plus nobles actions de la diuinité de Iefus, mit peine de fe
conformer à tous les fentimens
de fon humanité, & de prendre
yne entiere part à tout ce qui
lui arriuoit d'agreable ou de pe-
nible. Comme l'humilité & le
mefpris de la gloire mondaine
eft le fondement & la baze de
toutes les vertus, auffi eft-ce la
premiere vertu qu'elle aprit de
la diuinité. Elle confideroit cō-
me ayant peu créer le monde
des l'eternité, & faire vn milion
d'autres mondes pour fa gloire,
neantmoins elle ne l'auoit pas
fait, tant elle fait peu d'eftime

de cette gloire. Dauantage cõme elle prend vn extréme plaisir auec les petits; & comme elle n’a point fait difficulté de dé-
pouiller les ornemens de sa gloire pour se reuestir de nostre infirmité, & tenant les yeux fixement arrestez sur ce glorieux
exemple d’humilité , elle n’a-
uoit point de plus grand contentement au monde, qu’à de-
daigner & fouler aux pieds d’vn
genereux mespris, toutes les va-
nitez de la terre. Ce fut aussi de
ce diuin modelle qu’elle aprit
la perfection de l’amour & de la
charité. Car reconnoissant en
ses contemplations que l’a-
mour de Iesus auoit esté si liberal
ral que de l’obliger à se donner

lui mefme à nous ; fi conftant
qu'il n'a point d'autre durée
que l'eternité ; fi actif qu'il agit
continuellement pour noftre
bien ; & fi fuaue qu'il n'a point
de plus grand plaifir qu'auec
nous : elle fe fentit infenfiblement obligée d'imiter cette liberalité, faifant vne entiere offrande de toutes fes puiffances à
Iefus ; Cette conftance ne cef-
fant iamais de l'aymer ; cette
actiuité produifant de conti-
nuelles actions d'amour ; &
cette fuauité ne prenant autre
plaifir qu'en la veuë & en l'a-
mour de fa beauté diuine. Ne
fuft-ce pas encores du Verbe
eternel qu'elle aprit l'obeiffance, lors qu'elle la lui vit practi-

quer ſi exactement, qu'il ne re-
fuſa point d'eſtre attaché à vne
croix ignominieuſe pour ſe conformer aux volontez de ſon pere. Qui ne ſçait encores que ce
fut ſur ſon exemple, qu'elle ſe
reſolut de viure en la pureté incomparable qu'elle a fait reluire en tout le reſte de ſa vie depuis l'inſtant de ſa conuerſion,
& que ce fut lors qu'elle conſi-
dera la pureté ineffable qui eſ-
clatte en lui dans le ſein de la diuinité, ou il eſt engendré par
ſon pere ſans auoir de mere, cõme il a voulu eſtre engendré
d'vne mere ſans pere ſur la terre. O qu'elle acqueroit vn grand
meſpris des biens corruptibles,
& vne excellente pauureté, lors

qu'elle confideroit comme la diuinité de Iefus fe contente d'elle feule, fans que fon bon-heur depende des creatures, bien qu'elle en face eftime par fa bonté. La faincteté de Dieu qui confifte à eftre entierement exempt de peché, l'obligea de s'expofer pluftoft à mille morts & à toute forte de fouffrances, que de commettre volontaire-ment les moindres fautes. Le Pere eternel eft toufiours pre-fent à foy mefme, & recueilly dans fon fein fans fe diuertir ail-leurs; & c'eft de là qu'elle aprit à viure en vn recueillement con-tinuel fans donner à fon efprit aucune liberté de vaguer dans la vanité des creatures. Dieu

confidere fans relafche & fans
iamais defifter fa diuine effence; & la veuë fpirituelle de Magdelaine demeuroit inceffammēt
arreftée fur toutes fes puiffances
pour les tenir en deuoir & les
exercer en des actions vertueu-
fes. Elle ne pouuoit affez profō-
dement admirer, non plus qu'i-
miter affez exactement la patiē-
ce extréme dont Dieu attend
la conuerfion des pecheurs, qui
offencent fon infinie bonté par
leurs crimes, au lieu de reconnoiftre par leur obeiffance les
faueurs qu'ils reçoiuent d'elle.
Bref elle aprit dans le myftere
ineffable de la Trinité la con-
uerfation interieure auec Dieu,
& la plus releuée oraifon men-
tale

tale qui puiſſe eſtre. Elle veit cõme le Pere eternel, connoiſſant
ſa diuine eſſence, forme vn con-
cept & vne image de ſoy meſme,
qui eſt le Verbe : Et elle s'habi-
tua ſur ce modelle à vne contemplation eminente de la diuinité, & à en former vn con-
cept le plus propre & le plus
parfait qu'il lui fut poſſible, pour
lui ſeruir d'vne viue image qui
repreſentaſt à toute heure à
ſon ſouuenir ſa bonté, ſon
amour, ſa miſericorde, ſa Majeſté, ſa puiſſance, & le reſte de ſes
perfections. Et puis tout de
meſme que le Pere ayant con-
neu ſa diuine eſſence, produit
conjointement auec ſon Verbe
par maniere d'vn meſme princi-

M

pe , l'amour perſonnel qui eſt le ſaint Eſprit : Ainſi cette veuë continuelle qu'elle auoit des grandeurs & des bontez diuines , excitoit dans ſon ame le feu d'vn continuel amour de la diuinité & de l'humanité de Ieſus , & elle ne faiſoit aucune action qui ne priſt ſa naiſſance de cet amour. Il y a vne conformité admirable dans la volonté des trois perſonnes , & ce que l'vne veut l'autre auſſi le deſire: Mais qui pourroit exprimer dignement la ſainte conformité que noſtre parfaite amáte auoit auec celle de Ieſus. Le grand Apoſtre dit , que la loy n'eſt point faite pour les iuſtes , c'eſt à dire qu'ils n'ont que faire des

rigueurs de la loy pour s'esloi-
gner du vice, & se porter à l'e-
xercice des actions vertueuses.
Mais qui ne sçait comme nostre
sainte Amante tenoit vn des
premiers rangs entre ces iustes,
& que son amour semblable à
vn Magistrat souuerain exer-
çoit vne authorité absoluë sur
toutes les puissances de son
ame, pour les maintenir en leur
deuoir, & les obliger de rendre
vne parfaite complaisance aux
volontés diuines. Elle n'auoit
pas besoin d'estre excitée par
les menaces, par les recompen-
ces & par la rigueur de quelque
commandement, rendant sans
cela vne aussi humble soubmis-
sion aux conseils & aux inspi-

rations de Iesus qu'à ses Loix
& à ses ordonnances , à cause
de sa seule infinie & diuine bõ-
té,qui merite que toutes les volontez luy soient obeissantes,
sujettes & soumises. Et c'est ce
qui faisoit mesmes que non
contente de conformer ses volontés à celle de Iesus,elle n'a-
uoit point de plus grand con-
tentemẽt que quãd elle voyoit
les hommes viure dans les loix
de l'obeissance qu'ils lui dõi-
uent, & se porter à des actions
qui pouuoient en quelque façon reüssir à sa gloire;ny de plus
sensible déplaisir qu'en la veuë
des offences ou le monde plein
d'ingratitude s'abandonne tous
les iours.

Mais admirons la conformité qu'elle auoit en ses sentimens auec ceux de Iesus, lors qu'elle le voyoit faire paroistre ou de la ioye ou de la tristesse. On dit que le pouuoir des Magiciens est si grand, que faisans des images de cire pour representer quelqu'vn, & ayans dit dessus leurs paroles & fait leurs enchantemens, le corps de ceux sur qui elles ont esté formées, ressent de la douleur ou de la ioye si tost qu'on les offense ou qu'on les caresse : mais combien plus puissante est la force de l'amour qui fait vne telle liaison d'affection entre les amans que le mal qui arriue à l'vn afflige l'autre & l'emplit

d'amertume , & au contraire le bien que poſſede l'vn
d'entr'eux comble l'autre de
ioye & d'allegreſſe. Cela ſe re-
connoit clairemēt en la perſonne de noſtre parfaite Amāte, qui
voyant ſon bien aymé dans les
douleurs & dans les ſouffrances
de ſa paſſion, fit paroiſtre ſur ſon
viſage tous les traits de la douleur, fut acablée ſous le fais de la
triſteſſe & noya ſon cœur dans
l'amertume de ſes ennuis.
On la voyoit paſle, deffigurée,
hors d'elle meſme , paſmée &
ſans mouuement , ne pouuant
ſuruiure à ſon bien aymé. Et au
contraire qui ſera capable d'exprimer la ioye qu'elle reſſentit le
voyant dans les contentemens

de sa resurrection , & monter
dans les cieux enuironné de
gloire. L'allegresse qui saisit son
ame fut extréme, le doux trans-
port qui rauit ses sens ne se peut
dire. La douceur du plaisir qui
tenoit lors ses esprits charmés,
fermoit ses lévres & lioit sa lan-
gue pour laisser occuper toutes
les puissances de son ame en la
veuë de la gloire de son bien aymé : Et chacun la voyoit semblable à ceux qui rauis de la
douceur de quelque harmonie
laissent égarer leurs sens au plaisir qui les possede , & deuiennent aussi immobiles que des
statuës de marbre.

Il nous reste seulement à parler du quatriesme effet de l'a-

XXII.
DV REPOS
AMOV-

M iiij

 mour de Iesus qui lui est propre & particulier, & ne conuient aux autres amours que fort im-parfaictement. C'est le repos & la tranquilité que l'ame possede en l'vnion de Iesus dans le sein duquel elle se repose comme en son cêtre. L'amour des beautés de la terre est la source d'vne in-finité d'inquietudes, de solicitu-des poignantes, & d'agitations d'esprit. Il est ennemy du plaisir & du repos de l'hôme, & plein de melancholies ; il bouleuerse les passiôs, enuironne d'espines, martyrise le cœur de desirs, le picque de desespoirs, le presse de fascheuse pensées, l'afflige de soupçons, le trauerse de ialou-sies, le trouble sans respir, le tra-

uaille ſans relaſche , l'accompa-
gne de douleurs , & le comble
de mille faſcheries diuerſes.
C'eſt vn hydre duquel on veoit
à toute heure renaiſtre des cha-
grins & des inquietudes. C'eſt
vn tiran iniurieux dont l'empire eſt plein d'inſolence,& enne-
mi de noſtre liberté; Il eſt plai-
ſant d'abord , & à l'œil aſſés
doux & aſſés riant , mais ce n'eſt
que pour tromper les ames ſous
cette apparente douceur. Il
abat auſſi toſt noſtre repos ſous
ſes pieds, il nous charge de fers
& nous donne pour compa-
gnie inſeparable mille ſortes de
trauerſes. O beautés du mon-
de, vos lévres diſtillēt le lait & le
miel, mais ce qui reſte des plai-

firs que vous donnez eſt amer
comme l’abſynthe. Vous eſtes
ſemblables à la Panthére qui eſpand dans les champs des parfuns & des odeurs tres ſuaues,
afin que les autres animaux
charmez de cette douceur s’a-
maſſans à l’entour d’elle, elle ſe
lance ſur eux ; les déchire, les
mette en pieces & en face ſa cu-
rée. l’admire ſur toute choſe le
grand pouuoir de ces beautez
du monde, les artifices dont elles nous ſçauent perſuader
qu’elles ſont aymables, & cõme elles nous eſtourdiſſent ſi
fort, que nous n’entendons pas
les plaintes que nous faiſons
nous meſmes de la miſere que
nous ſouffrons en les aimant.

Ie ne les fçaurois mieux comparer qu'à cette idole de cuiure
toute creuſe de l'antiquité
Payenne, autour de laquelle
on faiſoit vn grand feu iuſques
à ce qu'elle fuſt deuenuë rouge
& enflammée, & lors ils offroiēt
vn enfant qu'ils mettoient entre ſes bras, les Preſtres cependant ſonnants des tambours &
faiſans vn grand tintamarre,
afin que la voix de l'enfant
mourant ne fuſt pas entenduë
de ſes parens, & qu'ils creuſſent
que ſon ame s'en alloit auec les
Dieux ſans peine & ſans douleur. Car ainſi lors que nous ſa-
crifions aux beautés du monde
qui ſont des idoles creuſes &
pleines de vent, mais embraſées

du feu d’vne ardente conuoitife,
les paffions qui font côme leurs
miniftres excitent tãt de tumul-
te & font tant de bruit dans nos
ames, qu’à peine pouuons nous
entendre les foufpirs & les cris
qu’elles font à caufe des cruelles
douleurs qu’elles fouffrēt. Mais
l’amour de Iefus eft bien con-
traïre à cela. Car comme il eft
l’vnique objet de noftre bon-
heur, la pierre ne poffede pas tãt
de repos au centre de la terre, ny
le feu quant il eft arriué au con-
caue de la Lune, que nos ames
en reçoiuent, quand elles fe fen-
tēt vnies à fa diuinité. Elles font
cõblées d’vn extréme contentement de fe voir aupres de leur
bien aimé, & de fe repofer dans

le fein de fa diuinité ; bien que fouuentefois elles ne parlent point à lui, & ne facent aucune action, fa feule diuine prefence eftant fuffifante de les faire demeurer dans vn repos fort tranquile, & de les raffafier. On les veoit fi fortement attachées à la veuë de fa bonté imméfe, qu'elles ne penfent plus à autre chofe qu'à en iouir côme de l'objet de leur felicité, qu'elles poffedoit auec tant de facilité, qu'eftans comme reduites à ne plus agir, elles ne reffentent autre chofe qu'vne profonde paix interieure. Leur attention ne leur dône aucune peine, tant leurs puiffances produifent leurs actiôs auec vne grande facilité; & on auroit

iuſte raiſon de dire qu'elles ſont
ſēblables à ces riuieres qui cou-
lent dans vn tel calme, qu'il ſem-
ble à ceux qui les regardent ou
ñauigent deſſus qu'ils ne voyent
ou ne ſentent aucun mouuemēt
de leurs ondes. Car ainſi l'ame
auec toutes ſes puiſſances eſtant
parfaitemēt vnie à Ieſus demeure comme endormie ſans s'apperceuoir qu'elle face aucun
mouuemēt, & ſans reſſētir autre
choſe que l'aiſe & la ſatisfaction
que la preſence de ſon biē aymé
lui donne. Telle fut la douceur
& la conſolation, tel le repos de
noſtre parfaite Amante, quand
aſſiſe aux pieds de Ieſus elle recueilloit auec vne extréme ioye
le doux miel qui diſtilloit de ſes

fainctes paroles. La difpofition
exterieure de fon corps ne faifoit elle pas mefmes veoir cette
profonde tranquilité ? Ouy , fes
lévres eftoient en filence , fes
yeux ne iettoient plus de larmes , fon cœur ne faifoit plus
retentir l'air de fanglots & de
foufpirs, elle ne prioit pas mefme , bref , elle n'auoit aucun
mouuement. Mais que faifoit
elle donc ? elle ne faifoit rien
autre chofe que d'efcouter fon
bien aymé, elle eftoit à fes pieds
comme vn vaiffeau d'honneur
& de gloire qui receuoit goute
à goute la mirrhe de fuauité
qu'il faifoit diftiller dans fon
cœur. O que le repos dont
iouiffent les petits enfans , eft

doux lors qu’ils s’attachent au
fein de leurs meres pour raffaf-
fier leur faim. On les veoit receuoir le lait auec tant de plaifir qu’il femble que ce foit vn
charme qui les enchante : Il arriue mefme tout incontinent
que les vapeurs qu’il enuoye à
leur cerueau ferment leurs petits yeux & les reduifent dans
vn doux affoupiffement , pendant lequel ils ne quittent pas
le tetin , mais ils y demeurent
colez fans faire autre action
qu’vn lent & prefque infenfible mouuement de leurs. lévres , dont ils fucçottent fans
qu’on s’en apperçoiue , le lait de
leurs meres. Mais, ô Iefus , n’eft
ce pas en cette maniere que vo-

ftre

ſtre parfaite amante demeuroit
en repos dans voſtre ſein pendāt
l'exercice ordinaire des cõtem-
plations dont elle repaiſſoit ſon
eſprit eſtant aſſiſe à vos pieds, &
par apres encores dans la ſolitude. Ouy, elle ſucçoit preſque in-
ſenſiblement la ſuauité de vos
graces & de vos conſolations,
ſans agir & ſans faire autre choſe
par aucune des puiſſances de ſon
ame, que de mouuoir doucemēt
& preſque ſans s'en apperceuoir
la pointe de la raiſon & de la volonté, comme les lévres par où
entroit l'ambroſie de vos diuines conſolatiõs qu'elle receuoit
en cette vnion amoureuſe. L'o-
deur des celeſtes parfuns qui pe-
netroit dans ſon cœur donnoit

vn tel cõble de ioye à toutes ſes
facultez, qu'elles demeuroient
comme aſſoupies dans vn profond repos, & dans vn acoiſe-
ment parfait, dans lequel elle
n'auoit aucun ſentiment qu'en
la plus haute pointe de l'eſprit,
qui en la maniere d'vn odorat
ſpirituel demeuroit charmée
par la vertu d'vne ſi ſoüefue o-
deur. On dit qu'il fait bon veoir
la mer du haut de ſes falaiſes lors
qu'elle eſt calme, & principalement lors que cette bonace
eſt accompagnée de la ſerénité
de l'air. Ses ondes ſont polies
comme vne glace, elle n'eſt au-
cunement agitée par la violence des vens, & ſi quelquefois
les zephirs eſpādēt leur ſoufle a-

moureux fur fa face, ce n'eſt que
pour la friſotter en quelque
lieux & la rendre plus belle, par
vne agreable diuerſité. Le Soleil eſpand ſans obſtacle les rais
de ſa lumiere ſur toute ſon eſtē-
duë ; Il prend plaiſir d'imprimer ſon image en vn milion de
lieux pour y faire éclatter autant de diuers Soleils ; Et il
penétre ſes eaux de ſi douces
chaleurs, que les poiſſons ſe ſentent conuiez par cette douceur
de monter au deſſus, pour y faire veoir des ſignes de leur alegreſſe en mille petits ſauts qu'ils
font les vns auec les autres.
Mais combien plus agreable eſt
le calme & le repos dans lequel
veſcut la Magdelaine à la faueur

du parfait amour de Iesus. La
violence de ſes paſſions n'eſtoit
plus capable d'agiter ſon ame,
& d'exciter des deſirs deſréglés
qui ſemblables à des flots eſcu-
mans troublēt tout le bon-heur
de noſtre felicité; Les vents im-
petueux des tentations de l'enfer n'auoient pas aſſés de pouuoir pour l'inquieter; tous les
orages dont auoient eſté trou-
blées les plus floriſſantes années
de ſa ieuneſſe, eſtoient diſſipés
& auoient fait place à vne extréme tranquilité, qui calmoit
toutes les puiſſances de ſon
ame, & donnoit lieu au ſoleil de
Iuſtice de la fauoriſer de ſes diuines ſplendeurs, de l'échauſſer
de l'ardeur de ſon amour, & de

la combler d'vne ioye & d'vne
alegreſſe incomprehenſible.

Que pouuoit il reſter à Magdelaine apres auoit veſcu dans
les exercices d'vn ſi parfait
amour, que de mourir du trait
de cet amour meſme. Auſſi Ieſus voulut-il que, comme elle
s'eſtoit eſtudiée d'auoir pendant
ſa vie vne entiere conformité
auec ſes actions: auſſi elle lui fuſt
ſemblable en la mort. Il eſt
mort par l'excez de l'amour
qu'il nous a porté, & il a eu a-
greable que la violence de l'a-
mour dõt le cheriſſoit cette biẽ
heureuſe amante, fit ſortir l'ame
de ſon corps pour s'aller vnir
plus parfaictement à lui dans le
Ciel. Qu'heureux eſt celuy qui

XXI.
COMME
L'AMOVR
DE IESVS
DONNE
LA MORT
A LA
MAGDE-
LAINE.

meurt dans l'amour de Iesus : sa
mort n'est pas tant vne mort,
comme vn bien heureux passa-
ge de la mort à la vie, de la terre
au Ciel, des tenebres à la lumiere, du combat à la couronne, de l'esperance à la iouissan-
ce, des miseres de cette vie à la
felicité parfaite, de la corru-
ption à l'immortalité, & du
monde à Dieu. Mais combien
plus heureux est celui qui meurt
par la force de l'amour qu'il
porte à Iesus, & qui est espris d'v-
ne telle ardeur dans les exercices de son amour, que ce sacré
feu deuore & consomme sa vie.
Telle a esté nostre saincte Amante ; L'ardeur de son amour fut
si grande, donna tant d'assauts à

son cœur, la blessa si souuent,
luy causa tant de langueurs, la
porta en des extases, & en des
rauissemens si frequens, que son
corps ne pouuant plus fournir
assez d'assistance à son ame, par
ce que son ame n'en donnoit
pas assez aux facultés naturelles, le flambeau de sa vie commença à s'éteindre peu à peu, &
la violence de son amour luy
donna le trespas. O bien heureuse Amante, que cette saget-
te amoureuse qui a blessé vostre
cœur, & vous a causé la mort,
vous a esleuée à vn haut comble d'honneur & de gloire ! O
que ce trait qui a poussé vostre
ame hors de vostre corps vous
a esté fauorable. Vostre corps

à fait beaucoup de refiftance à
cette feparation , car voftre
ame l'efleuant plufieurs fois le
iour dans les ais & vers le Ciel,
fa pefanteur naturelle la con-
traignoit toufiours de redefcen-
dre en terre ; mais en fin elle a
efté la plus forte, elle a forcé voftre corps de la laiffer enuoler
dans le ciel, pour s'vnir plus parfaitement au fein de voftre bien
aymé , qui vous a auffi toft re-
ceuë auec toute forte de careffe
en fes chaftes & diuins embraf-
femens. Il a orné voftre chef
d'vne magnifique couronne de
gloire , il vous a fait iouïr du
fouuerain bien en la poffeffion
duquel toutes delices abondēt.
C'eft là qu'il a couché vos lévres

sur la fontaine du nectar & sur
le torrent de la volupté eternelle qui coule par le paradis , & ce
breuuage charmant toutes vos
peines passées vous en a mesmes
fait perdre la souuenance. Viués
y à iamais heureuse, & possedez
dans le comble du repos & dans
les exercices de l'amour consommé & accomply, la felicité
eternelle qu'il vous a donnée.

Ce sont iusques icy les iustes
causes qui ont fait meriter en
terre à la Magdelaine la qualité
de parfaite Amante & dans le
ciel la gloire qui estoit deuë à
cette qualité. Mais ce qui donne tous les iours de nouueaux
accroissemens à sa gloire, & qui

XXII.
EXHOR-
TATION
A IMITER
L'AMOVR
DE LA
MAGDE-
LAINE.

rend auſſi ſa memoire plus re-
commendable à l'Egliſe, eſt que
le feu de ſon amour embraſe par
ſon exemple le cœur de tous les
fidelles qui s'en approchent
pour le conſiderer, & les excite
de rendre à Ieſus tous les teſmoignages qu'il leur eſt poſſible d'vn ſemblable amour. L'hi-
ſtoire de l'Antiquité nous fait
croire que les trophées de Mil-
tiadez interrompoient à toute
heure le dormir de Themiſto-
clez, & excitoient de s'y puiſſans mouuemens de courage
dans ſon eſprit, qu'il ne pouuoit
prendre de contentement qu'à
aſpirer par de genereuſes actiõs
à vne pareille gloire. Et les faueurs que noſtre ſaincte Aman-

te a receuës du ciel , & dans le ciel, qui font incomparablemēt plus riches & plus nobles que toutes celles de Miltiades, comment n'enflammeroient elles point nos defirs, & ne feroient elles pas de puiſſantes impreſfions fur nos courages ? Qui ne voudra afpirer deformais par ces mefmes voyes d'amour qu'à fuiuies la Magdelaine à la gloire d'eſtre fauorite de Iefus , & à la iouiſſance d'vn bon-heur femblable au fien , qui la fait commencer des cette vie à gouſter les douceurs du ciel , & la rendue aprés la mort eternellemēt bien-heureuſe.

O Iefus ! n'eſtes vous pas autant aymable à noſtre efgard que vous l'auez eſté à

Magdelaine ? voftre beauté eft
elle pas eternelle & exempte de
la loy des temps ? vos perfectiõs
font elles pas les mefmes qui
feruoient d'objet à fon amour ?
voftre bonté eft-elle pas toûjours infinie & reueftuë des
mefmes attraits qui font fi aimables que les bien-heureux
du ciel ne pourront iamais cef-
fer de lui rendre les tefmoignages de leur amour ? S'il eft vray,
ce que difent les Philofophes,
que les mefmes caufes ont ac-
couftumé de produire les mefmes effets, lors qu'elles rencontrent des fujets difpofez d'vne
mefme forte : Il eft raifonnable
que cette mefme bonté infinie
de Iefus qui rauiffoit la Magde-

laine face les mefmes impreſſiõs
d'amour ſur nos cœurs; Et nous
ferions coulpables d'iniuſtice ſi
nous faiſions refus d'y aporter
les mefmes diſpoſitiõs que nous
auons remarquées en elle.

Il n'y a pas mefmes d'ex-
cuſe qui fuſt capable de ſeruir
de pretexte à noſtre ingratitude. Car ſi nous diſons que
l'habitude que nous auons
priſe a aimer les creatures,
a jetté de ſi profondes racines dans nos ames, qu'il nous
eſt impoſſible de l'arracher
pour mettre en ſa place l'amour
de Ieſus; la Magdelaine n'eſtoit
elle pas autant & plus attachée
dans ces affeɔtions qui lui ont
acquis le nom de pechereſſe, &

neantmoins elle fecoüa gene-
reufement leur ioug pour faire vne eternelle offrande de
fon cœur au fils de Dieu. Si
la douceur des plaifirs de la
terre nous charme & nous ar-
refte dans leur amour ; cela n'a
pas empefché Magdelaine de
les quitter, quant elle a recon-
neu que les fruiƈts de l'amour
de Iefus font incomparablement plus doux , encore que la
penitence qui leur fert de raci-
ne foit vn peu amere. Si la con-
fideration de noftre naiffance
& de quelque qualité que nous
auons entre les hommes , nous
retient dans le monde & dans
fes ambarras, la Magdelaine n'e-
ftoit elle pas de grande maifon

& d'extraction illuſtre , qui a
fermé les yeux à tous les reſ-
pects humains , & foulé aux
pieds toute la pompe & la vanité de la terre, pour s'employer
aux exercices qu'elles ſçauoit
eſtre agreables à ſon bien aimé.
Si l'horreur de nos crimes s'efforce de nous perſuader que
nous n'obtiendrons iamais de
Dieu la grace qui nous eſt neceſſaire pour vne entrepriſe ſi
haute qu'eſt celle du parfait
amour de Ieſus : La Magdelaine a eſté coulpable de tant d'offences que ſainct Gregoire &
pluſieurs auec lui entendent
par les ſept demons qui la poſ-
ſedoient, les ſept pechez mor-
tels, c'eſt à dire , le comble d'i-

niquité ou son ame estoit ariuée; Et cependant Iesus n'a pas
laissé de l'admetre en partage
de son amour. Croyons auec as-
seurance qu'il est aussi prest de
nous fauoriser de ses graces que
la Magdelaine, si nous les voulons accepter.

Mais comment ne les es-
pererons nous pas de sa bonté
infinie, pouruueu que nous ces-
sions d'y apporter les obstacles ordinaires que nous y op-
posons, puis qu'il desire auec
tant de passion que nous l'aymions, qu'il nous la recommande si absolument dans sa
loy, qu'il nous y conuie tous
les iours par tant d'inspirations,

& qu'il nous y oblige par
tant de bien-faits, qui sont
autant de chaisnes dont sa bonté s'efforce de nous attirer à
lui? Il n'est descendu dans le
chaste sein de la Vierge, que
pour s'emparer de nos cœurs,
& pour les viuifier du feu sacré
de son amour. Et chacun sçait
qu'il est comme vn diuin Pro-
methée descendu du ciel en terre auec le feu d'amour en sa
main, pour en brusler nos ames;
Ainsi qu'il dit lui mesme en S.
Luc, ie suis venu en terre pour y
mettre le feu, & ie n'ay autre
desir que de l'en veoir embra-
sée.

O Iesus! que vous estes aymable d'estre si passionné de nos

cœurs. Mais que ne les prenez
vous d'vne puiſſance abſoluë ?
Pourquoy attendez-vous noſtre
conſentement? domptez noſtre
rebellion, & ſans auoir eſgard à
noſtre refus, entrez dedans nos
ames pour en prédre vne poſſeſſion eternelle. Quel Maiſtre dō-
na iamais à ſes ſeruiteurs tant de
liberté, que de les laiſſer faire
tout ce qu'ils veulent ? Ou ſont
vos foudres, Seigneur, & ces
mains vēgereſſes qui ont chaſtié
autresfois auec tant de rigueur
voſtre peuple, lors qu'il ſe portoit à idolaſtrer les creatures,
comme nous faiſons tous les
iours. Ie voy biē que les foudres
de voſtre iuſtice ſont conuerties
en flammes d'amour, & que de-

puis que vos mains ont esté attachées en vne croix, elles n'ont
plus d'autre pouuoir que de faire
ruiſſeler ſur nous, des torrens de
benediction & de grace.

Mais dans cette liberté en laquelle vous voulés que demeurent nos volõtés, quand ſera-ce,
ô Ieſus ! que voſtre bonté pour
comble de faueur, no⁹ déſillera
les yeux & les eſclairera des lumieres de ſa grace, pour nous faire contẽpler auec vn peu d'attẽ-
tion & de repos, la beauté incõ-
prehenſible qui vous rẽd ſouue-
rainemẽt aymable, & reconnoiſtre qu'il ny a rien tant ſoit peu
capable d'exciter les flammes
de l'amour , qui ne ſe retrouue
en voſtre eſſence auec vne perfe-

ction infinie. Car ſi nous auons
eſgard au deuoir de la iuſtice ; il
eſt certain que nous ſommes
obligés de conſacrer nos cœurs
à voſtre amour , puiſque vous
ne nous les auez donnés que
pour vous aymer. Si la conſideration des bien-faits fait quelque impreſſion ſur nos volontés , elles doiuent auant toutes
choſes , eſtre touchées de l'a-
mour de celuy à qui nous deuons tout ce que nous ſommes, & ce que nous poſſedons,
& qui non content de nous
auoir donné tout l'vniuers, s'eſt
donné à nous luy meſme , pour
ſatisfaire à la iuſtice de ſon Pere,
pour nous reconcilier par ſa
mort, nous adopter par ſes ſouf-

frances , nous acquerir la liberté par sa seruitude, & nous meriter par son abaissement la couronne de gloire. Si l'excellence
a quelque pouuoir sur nos courages, tous les tresors de la diuinité sont renfermez en la personne de Iesus. Si l'amour est
vn si puissant charme pour exciter dans les volontez les flammes d'vn amour reciproque ,
qu'il n'y a point de cœurs, quelques durs ou insensibles qu'ils
puissent estre, qui se voyans aymez de quelqu'vn ne se sentent
comme forcez d'y correspon-
dre par vne veritable affection,
quel sentiment d'amour ne fera
point naistre dans nos ames l'a-
mour dont Iesus les honore,

Amour fans intereſt & nullement mercenaire , puis qu'il
n'en tire aucun aduantage ; a-
mour conſtant qui ne ſe rebute
iamais pour nos offences ; a-
mour liberal qui nous admet
en partage de la diuinité, amour
ſouffrant qui la attaché en vne
croix. O grand ſainct Paul, que
vous auiez iuſte raiſon de dire
que l'amour de Ieſus nous preſſe.
Car il eſt vray qu'il n'y a rien au
monde qui ſoit capable d'obliger & de preſſer ſi puiſſamment
nos cœurs , que de ſe voir aymez de celui dont la Majeſté eſt
infinie , les perfections incom-
prehenſibles , la durée eternelle , la ſageſſe ineffable , la puiſſance ſans limites , la bonté ex-

ceſſiue, & l'amour tres-immen-
ſe. Nos cœurs ſont ſous le preſ-
ſoir & chacun ſe ſent forcé par
vne amoureuſe violence de rendre tous les teſmoignages d'vn
vray amour à celui qui nous a
tant aimés. Cet amour veritablement nous preſſe ſi fort qu'il
nous obligeroit de mourir pour
lui ſi les occaſions s'en preſen-
toient, comme il l'a fait mourir pour nous : Mais puiſque
nous ſommes en des ſiecles, eſ-
quels la cruauté des tirans ne
nous expoſe plus au danger d'eſpandre noſtre ſang pour ſa gloire, il nous preſſe de viure pour
lui & d'employer nos iours &
nos vies à ſon ſeruice. Il nous a
acquis cette vie par ſa mort,

O iiij

pourquoy refuserons nous de desgager nos cœurs de l'amour des creatures, pour lui en faire vne amoureuse offrande.

O aueuglement estrange des hommes, qui abandonnent a-uec tant de facilité l'amour de Iesus pour consacrer leurs affe-ctions aux creatures. N'est-ce pas quitter la bonté pour la ma-lice ; la verité, pour la vanité ; la lumiere, pour les tenebres ; la gloire pour la confusion ; la grā-deur pour la bassesse ; la consol-ation pour la misere ; & la sour-ce des eauës viues pour des ci-sternes infectes & corrompuës. N'est-ce pas faire comme l'in-considerée Rachel qui quitta son lit & la compagnie de son

espoux à sa sœur Lia , pour
des pommes de Mandragore,
estant esprise de la beauté & de
la bonne odeur de ce fruit , sans
considerer qu'il est insipide &
sans aucun goust , & que mesmes il est tellement assoupissant
quand on en a mangé que l'on
ne se peut réueiller qu'auec vne
extréme difficulté. Car ô beautez de la terre , vous auez à vray
dire quelques graces exterieurs qui charment les sens ;
vous auez des atrais qui sont
puissans , & vn lustre qui esbloüit la veuë & donne aussi-
tost que l'on vous veoit de l'affection pour vous. Mais ceux
qui se sont laissez tant soit peu
surprendre à vos appas , sçauent

bien que vous ne donnez ny plaifir ny contentement qui foit folide. Le feul pouuoir que vous auez eft de charmer les fens, & de les affoupir & endormir de telle forte, que l'on ne fçait bien fouuent ce que l'on fait. Vous eftes femblables à ces feux volages que nous voyons qui s'allument pendant l'hyuer dans les airs, ils ont de la viuacité pour fe faire aperceuoir de loing, & vn efclat qui donne de l'eftonnement à ceux qui les voyent, mais ils ne feruent à autre chofe qu'à conduire ceux qui s'engagent à les fuiure en des precipices & en des marefcages où ils courent fortune de perdre la vie. Car de mef-

me vous auez vn luftre que
tout le monde honore , & vne
fplendeur qui esbloüit & charme les yeux des hommes , mais
il eft veritable que vous ne fer-
ués d'ordinaire à autre chofe
qu'à precipiter les ames dans les
abifmes d'vne eternelle ruine.
Il faut auoüer que c'eft auec
toute forte de iuftice que l'A-
poftre a prononcé anatheme
contre ceux qui refufent leurs
cœurs à Iefus, quant il a dit, que
celui là qui n'ayme point Iefus
foit maudit. Car qu'elle puni-
tion ne merite point celui qui
prefere la vanité des creatures à
fa bonté infinie, & fait refus de
reconnoiftre par amour celui
qui lui a fait toute forte de bien

& l'a aimé d'vn eternel amour.

Heureux celui qui esleuant son esprit au dessus de la terre, où il ne peut rien posseder d'asseuré & de certain, le porte entierement & l'vnit à Iesus qui est la seule bonté aymable, l'vnique centre de nostre bonheur, & le port ou nous deuons attacher l'anchre de toutes nos esperances. Adorez, ô Egyptiẽs, tant qu'il vous plaira autant de Dieux que la terre vous produit de diuers fruits. Et vous Assyriens, autant que vous voyez d'estoilles & de feux. Vous Grecs, autant que vous auez de fontaines. C'est aux Rhodiens d'auoir dedans leur ville septante & trois mille Dieux. Et aux

Romains d'en auoir plus que d'hommes. Iesus doit estre à iamais l'vnique Dieu des cœurs de tous les Chrestiens, aussi bien que de celui de la Magdelaine. C'est dans cette source inépuisable de beautez que nous deuons estancher la soif de tous nos desirs. C'est à cette profonde mer de bontez que nous deuons conduire nostre vaisseau. C'est à ce Soleil reuestu d'vne lumiere ineffable que nous deuons tenir les yeux fixement arrestez comme des aigles naiz pour le ciel plus que pour la terre. Helas ! combien fut excellent le dernier souspir du Philosohe Plotin, lequel ayant desia l'ame sur le bord des lévres, ap-

pella ſes diſciples pour leur dire
ce dernier à Dieu. Viuez heureux mes amis , & pour l'eſtre
tournez touſiours ce qui eſt de
diuin en vous , vers la diuinité.
O genereuſes paroles digne de
clorre la bouche & la vie d'vn
Philoſophe Chreſtien pluſtoſt
que d'vn Payen : puiſque à vray
dire , c'eſt cette diuinité ſeule
qui eſt exempte des loix de l'in-
conſtance & du changement,
qui ſeule eſt ferme en ſon eſtre,
qui ſeule eſt la vraie fin de toutes nos œuures , & ſeule digne
de donner à la vertu la couronne de gloire.

Aſpirons donc à cette diuinité de Ieſus, qui eſt vnie à ſon humanité, pour nous rendre Dieux

dans le Ciel par participation.
Employons toutes nos penſées
à contempler les merueilles de
ſa beauté, & que nos cœurs ne
bruſlent d'autres flammes que
de celles de ſon amour. Imitons
la prudence du Iardinier, lequel
voulant que ſes lis floriſſent de
bonne heure, prend garde de ne
les planter pas bien auant, & ſe
contente qu'ils ſoient à fleur de
terre. Et prenons garde auſſi ſoi-
gneuſement que nos cœurs ne
s'engagent pas beaucoup dans
les affections de la terre, car s'ils
y ſont trop enfoncez, ils auront
peine de produire les fleurs de
l'amour diuin : Mais s'ils n'y
ſont embaraſſez qu'autant qu'il
eſt conuenable à noſtre con-

dition, nous les verrons bien-
toſt florir & eſpandre vne o-
deur tres agreable. Ne perdons
aucune occaſion de procurer &
d'accroiſtre la gloire de Ieſus,
mais embraſſons les toutes
quelques petites qu'elles puiſſent eſtre : Nous ſouuenant que
comme les abeilles ne recueil-
lent pas ſeulement leur miel ſur
les lis & ſur les roſes, mais auſſi
ſur les fleurs de romarin & de
thin : Ainſi le miel de la charité ſe recueille maintesfois auec
plus d'abondance dans les plus
baſſes & plus petites actions.
Allons ſouuent ſur le mont de
Caluaire, c'eſt là où nous trou-
uerons vne ſource abondante
d'amour dans les ſacrées playes

de Iesus. Et il ne sera pas possible que nos yeux le voyant couronné d'espines , les cheueux tous trempez de sang, les yeux noyez de larmes , la face couuerte de crachats , la bouche enflée de coups , les pieds & les mains percées de gros clouds , le costé ouuert d'vn coup de lance , tout le corps deschiré & ensanglanté , & le cœur navré de nostre amour ; nos ames ne reçoiuent les estincelles qui sortent d'vn si ardant feu de charité,& n'en demeurêt à iamais embrasées. Pherecides disoit autresfois que Dieu creât le monde , s'estoit transformé en amour , tant il estoit rauy de veoir le soin que son amoureuse

prouidence auoit eu de donner
à l'homme tout ce qui pouuoit
seruir à sa necessité ou à son plaisir. C'est ce que lui faisoit dire
la veuë du monde sensible , &
la beauté de la nature : mais
qu'eust il dit s'il eût veu ce Dieu
mesme de la nature & de la grace , attaché à la croix & en ce
déplorable estat pour l'amour
de l'homme , pour estre sa lumiere , sa iustice , sa sanctifica-
tion , le prix de son rachapt , le
vainqueur de ses ennemis , la
guide de toutes ses voyes , son
protecteur inséparable dans les
dangers , & pour l'éleuer mesmes à la participation de sa gloire & de sa diuinité. N'eust-il pas
eu vn bien plus iuste sujet de

dire qu'il s'estoit transformé en
amour ? Oui sans doubte ; &
dauantage il se fust senty obligé d'aduoüer qu'il est l'amour
mesme , & l'amour infiny ; &
que cet amour ne peut esleuer
de plus glorieux trophées, que
ceux qu'il a dressez sur le Caluaire. Aduoüons - le , ainsi qu'il
eust fait s'il l'eust veu comme
nous , & puisque c'est le propre de l'amour de donner la
naissance à vn amour reciproque , que nos cœurs soient le
lieu où il le face naistre. Ay-
mons-le d'vn amour pur qui ne
soit meslangé d'aucun interest
particulier, d'vn amour de bienueillance qui n'ait autre dessein que sa gloire , d'vn amour

côtinuel qui n'ait point d'autre
estenduë en sa durée que l'eternité , d'vn amour simple qui ne
soit meslagé d'aucune affection
terrestre, d'vn amour si fort, qu'il
n'y ait point de difficultez ni
d'obstacles qui s'oposent à son
honneur que nous ne puissions
vaincre, d'vn amour si patient
que toutes les soufrances aufquelles nous ferõs exposez pour
son sujet , ne soient pas capables
de nous esbranler, d'vn amour
suaue qui nous rende toutes les
douceurs de la terre ameres , &
nous face establir nos vrais con-
tentements en lui , & à lui rendre de parfaits témoignages de
nostre fidelité ; Bref , d'vn a-
mour vnitif qui nous vnisse d'vn

lien indiſſoluble auec ſa bonté,
ſans que les ſiecles aient iamais
le pouuoir de nous en ſéparer.
Sa beauté ſouueraine qui eſt
la vraie fin & l'vnique objet de
la felicité de nos ames, veut e-
ſtablir ſon Empire dans nos penſées, regner ſur nos deſirs, donner la loy à nos volontez, ſe faire vn temple & ſe baſtir en nos
cœurs vn autel d'amour ſur lequel bruſle le feu d'vne eternelle charité. Adorons ſon
merite, conſacrons lui toutes
nos puiſſances, offrons lui
nos penſées, adreſſons lui toutes nos affections, & que nos
ames poſſedées d'vn iuſte dé-
dain des choſes corruptibles,
ne ſoient capables d'eſtre eſ-

meuës que de ſes ſeuls traits,
par leſquels elle nous veut vnir
& éleuer à ſoy, & nous faire
entrer en la iouiſſance de ſa
gloire.

FIN.

Extraict du Priuilege du Roy.

PAr grace & Priuilege du Roy donné le 26.
Aouſt 1628. Il eſt permis à Iean de Heuqueuille Marchand Libraire à Paris, d'imprimer vn
liure intitulé *Tableau de la Magdelaine en l'eſ-
ſtat de parfaite amante de Ieſus, &c.* & deffence
faite à tous Libraires, Imprimeurs, ou autres,
d'en faire imprimer, vendre, debiter, ny ſuſcitet
autres hors de noſtredit Royaume, à les côtre faire ſans le conſentemét dudit de Heuqueuille, & ce
ſur peine de cinq cens liures d'amende, confi-
ſcation des Exemplaires, & de tous deſpens,
dommages & intereſts: ainſi qu'il eſt plus au long
contenu audit Priuilege. En outre, voulons
qu'en expoſant deux exemplaire en noſtre Bi-
bliotheque ledit expoſant iouïſſe a pur & à
plein dudit Priuilege, durant le temps de ſix ans,
ainſi qu'il eſt plus amplement contenu audit Priuilege. Car tel eſt noſtre plaiſir.

Signé,   VERSORIS.

Table des Chapitres.

Table des Chapitres.

FIN.